SOMOS TODOS CANALHAS

SOMOS TODOS

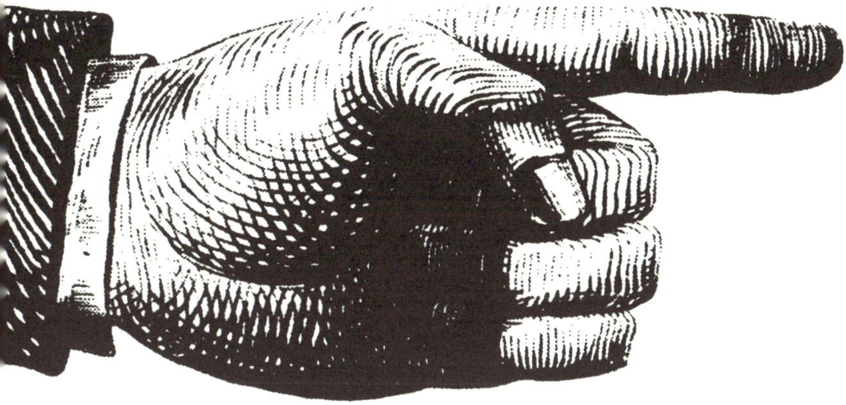

CANALHAS

CLÓVIS DE BARROS FILHO
JÚLIO POMPEU

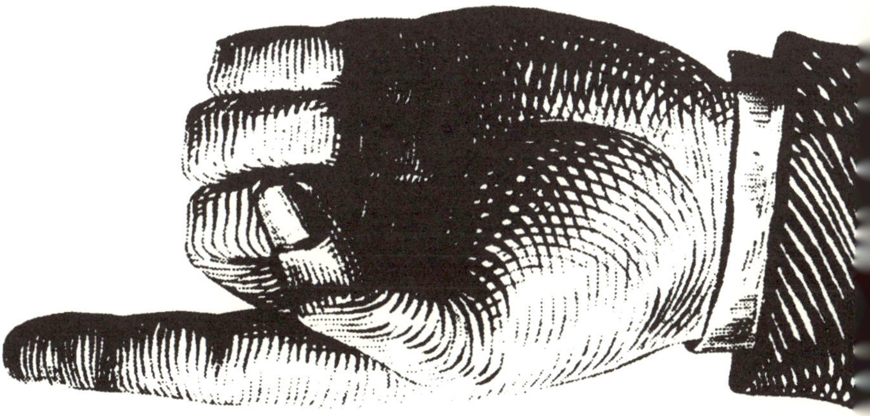

HarperCollins
2020

Diretora editorial: Raquel Cozer
Gerente editorial: Renata Sturm
Editora: Diana Szylit
Revisão: André Uzêda e Laila Guilherme
Capa: Maikon Nery
Diagramação: Anderson Junqueira
Imagens da capa: Stephenson, Blake & Company, 1838. Retiradas de *Type: A Visual History of Typefaces & Graphic Styles*, de Cees W. De Jong, Alston W. Purvis e Jan Tholenaar. Taschen, 2019.

DADOS INTERNACIONAIS DE CATALOGAÇÃO NA PUBLICAÇÃO (CIP)
ANGÉLICA ILACQUA CRB-8/7057

B277s

Barros Filho, Clóvis de
Somos todos canalhas : filosofia para uma sociedade em busca de valores / Clóvis de Barros Filho, Júlio Pompeu. — Rio de Janeiro : HarperCollins, 2020.
288 p.

Bibliografia
ISBN: 978-85-9508-662-3

1. Filosofia — História 2. Valores I. Título II. Pompeu, Júlio

19-2538 CDD 109
CDU 1(09)

HarperCollins Brasil é uma marca licenciada à Casa dos Livros Editora LTDA.
Todos os direitos reservados à Casa dos Livros Editora LTDA.
Rua da Quitanda, 86, sala 218 — Centro
Rio de Janeiro, RJ — CEP 20091-005
Tel.: (21) 3175-1030
www.harpercollins.com.br

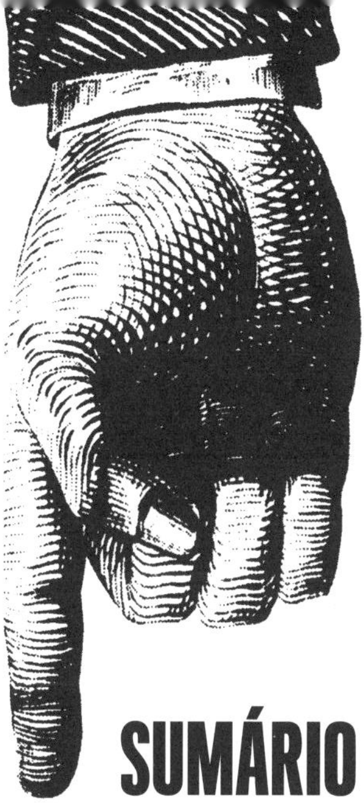

SUMÁRIO

CANALHA! CACHORRO! SEM-VERGONHA!

MARIO SERGIO CORTELLA

"Não sei como é a alma de um criminoso, mas a alma do homem honesto, do homem bom, esta é um inferno"
(NIKOS KAZANTZAKIS, *O CRISTO RECRUCIFICADO*)

Como fica sugerido pelo meu sobrenome, tenho ascendência também italiana e, por isso, e por muitas vezes, ouvi na minha família (para não usar *famiglia*, que pode ter um ar meio contraventor) a expressão, quase uma advertência, quase um xingamento, e sempre uma ameaça: *Canaglia*!

Não era dirigida a mim, mas servia para mim e para qualquer pessoa que estivesse no circuito auditivo. Fazia parte das conversas, das menções, das discussões e, com frequência, dos sussurros, que evitavam que quem fosse destinatário pudesse se enraivecer ou, até mesmo, se vangloriar por ter acertado a mira...

Junto com o *canaglia* italiano vinha, em curiosa mescla cultural, o já aportuguesado epíteto "Cachorro!" (soando *catchor'o*), que, apesar de estar no masculino, tinha validade multigênero, dado que se sabia que o feminino canino soava maldosamente mais como designação profissional do que como desvio moral.

Pois é exatamente essa curiosa mescla cultural (adensar o italiano *canaglia* com o português *cachorro*) que fazia uma redundância exagerada (em Filosofia chamamos mais de tautologia); afinal, *canaglia* (para indicar uma má pessoa ou um conjunto delas) vem do termo *cane*, isto é, cachorro — uma ambiguidade mamífera capaz (como nós) de fidelidade extrema e fingimento oportunista...

Claro que a tríade esculachante teria mesmo de ser completada pela recriminação da conduta, somando-se um definitivo "Sem-vergonha!".

Pronto! Agora, sem demora, sabíamos do que se estava falando: do comportamento desprezível, imundo e infame de alguém.

Grande angústia daí emanava! Tem gente canalha ou gente capaz de ser canalha? Tem gente que nasce sem-vergonha ou gente que é capaz de ser sem-vergonha? Isto é, a canalhice é uma possibilidade das gentes em geral ou é uma natureza de alguns em particular?

Ainda bem que Clóvis de Barros Filho e Júlio Pompeu decidiram dialogar sobre essa angústia, traduzida por outra ainda mais complexa, expressa no título do livro: somos todos canalhas!

Ainda bem, igualmente, que eles deixaram ótimas frestas para escaparmos de uma sina irrevogável: somos todos canalhas quando decidimos sê-lo, em vez de nascermos prontos; não somos canalhas o tempo todo, mesmo quando o somos, pois isso seria esgotante; a canalhice, ou seja, qualquer ação que prejudique outro para exclusivo e desviado benefício meu, não é nem uma obrigatoriedade nem uma ausência!

Ainda bem, da mesma forma, que Clóvis e Júlio foram buscar no pensamento clássico gerado pela Filosofia e nas pegadas conexas do Cristianismo influenciador do Ocidente as trilhas para pensar o agora; a partir dos desdobramentos dessa poderosa antiguidade, transitam na modernidade (especialmente em Kant e Stuart Mill), como as fontes que nos permitem iluminar, em nós e nas outras pessoas, as atitudes que configuram uma individualidade ignóbil e mesquinha.

Essa iluminação oferece mais nitidez para que saiamos da mera indicação "achológica" e nos faz convergir para uma meditação fundamentada e não dogmatista.

É diálogo denso; nas partes distintas do livro, cada um dos interlocutores faz as suas "intervenções" de modo ordenado, sem atropelos, impregnando no que enunciou uma interface (nem sempre concordante) com o que o outro enunciara; é diálogo vivo, e não mera justaposição de premissas idiossincráticas.

Os autores sabem: para fazer a vida valer, é preciso uma práxis de "valores" que nos movam para longe da sordidez, enquanto nos alertam sobre a presença de emboscadas interiores e exteriores.

Se assim procedermos, com valores benignos, nossa boa vergonha ressuscita e exubera...

APRESENTAÇÃO

Somos todos canalhas já foi publicado antes. Esta edição, que ora apresentamos, mereceu importante revisão de seus autores. E as próximas, se por absurdo existirem, continuarão merecendo. Tornar o texto mais leve foi o objetivo maior. E não alcançado em momento algum.

A nova edição advém, estritamente, da penúria. Clóvis e Júlio, vitimados pela escassez de leitores, veem seus direitos autorais minguarem como gotas derradeiras que demoram a cair da torneira aberta em tempos de seca.

O livro poderia ter sido totalmente reescrito. Não foi possível. Seus autores estão pelo mundo, no ramo do entretenimento, à cata de clientes piedosos, tentando honrar suas responsabilidades de provedores. Arrimos de família que são.

A vantagem de apresentações alucinadas como essa é que ninguém as lê. Nem mesmo os dois ou três fãs mais aguerridos. Aliás, por que não os homenagear? Helio, Bento e Helinho, esse último filho do primeiro. Os três de Prudentópolis. Nem todos os parágrafos do mundo lograriam expressar nossa gratidão.

Este livro é um diálogo entre dois amigos professores com algumas coincidências de trajetória. Ambos tiveram formação inicial em direito. Aquela que vem na sequência do ensino médio. Momento em que dar satisfação aos outros sobre a própria vida brinca de gangorra com as incertezas sobre si mesmo.

Não por acaso, ao longo da graduação, dedicaram-se a outras áreas de conhecimento. Júlio especializou-se na obra de Maquiavel. Clóvis encantou-se com a coisa da mídia e a ética da notícia. A ponto de graduar-se em jornalismo, ao mesmo tempo.

Uma vez bacharéis, uma certeza comum: preparar-se para a vida acadêmica. Para isso, só a pós *stricto sensu*. Mestrado e doutorado. Não tinha outra saída. Imperativo de urgência. Júlio na psicologia social. Clóvis na comunicação social. E para que tudo tivesse alguma graça e fundamento, esbarraram ambos na filosofia.

Tornaram-se professores de universidades públicas. Requisitados palestrantes. Comunicadores aplaudidos. Especialistas em ética. Excelentes garfos. Torcedores resignados do Vasco e do São Paulo. Pais presentes e encantados com seus filhos.

E cultivam amizade que já dura mais de quinze anos.

O diálogo é *logos*. Uso da razão e produção de discurso. Operado por dois interlocutores. Forma particular de pensar e produzir reflexão em que nenhuma das partes controla completamente os caminhos do pensamento produzido. Cada um ouve e considera o que foi dito pelo outro. E acaba impelido a refletir de um modo que não havia planejado no seu início.

A cada interação, o inédito ou imprevisível do que acaba de ser enunciado constrange o interlocutor seguinte a enveredar por caminhos impensados no princípio da aventura. Dessa forma, toda fala superveniente encontra sua genuína razão de ser no discurso que lhe é imediatamente anterior.

O diálogo requer respeito pelo outro. Sua existência, condição intelectiva, prerrogativa de enunciação. E a disposição de parte a parte de aceitar o dito pelo outro como, a princípio, tão relevante quanto o dito por si próprio. O que, obviamente, não implica concordância ou coincidência de entendimento.

Exigência que supera de longe a simples tolerância. Porque não se trata de tolerar apenas. E sim de considerar as intervenções do interlocutor como tão relevantes quanto as próprias. Todo desdém ou depreciação do outro mutila na essência a iniciativa dialógica.

Presume-se que o melhor pensamento não é obra solitária, mas colaborativa. Supõe-se que dois pensem melhor do que um. E pressupõe-se a humildade de assistir à contestação do próprio argumento, bem como a firmeza de contestar o argumento do outro.

Requer, portanto, algum desprendimento. Como todo trabalho em equipe. A dupla vale mais do que o eu de cada um. O coletivo e sua realização triunfam sobre a glória individual. A vitória pretendida é de ambos sobre a ignorância. E não de um sobre o outro.

No diálogo, admite-se certo improviso. O que faz dele um método de reflexão mais próximo das condições experimentadas na vida de carne e osso do que os sofisticados e rigorosos planejamentos solitários dos livros convencionais.

Neste livro dialogado, seus autores, em muitas de suas páginas, surpreenderam-se reciprocamente, forçando-se um ao outro a elucubrações e a enunciar sobre ponderações inesperadas.

Embora nunca tenha sido esse o escopo, muitas foram as intervenções deslocadas da chamada zona de conforto de seus autores, em considerações bem distantes do mais familiar e corriqueiro em suas aulas e produções.

Neste diálogo, há pontos de vista complementares, reciprocamente esclarecedores, exemplificadores. Mas também excludentes, contraditórios e incompatíveis.

Não por acaso, a filosofia nasce de diálogos — ao menos, no Ocidente. O mais influente pensador ocidental recorreu a essa forma de apresentação do seu pensamento para ser compreendido por qualquer um. Era a sua estratégia de vulgarização.

Embora achasse que a filosofia mais profunda fosse para poucos, Platão servia-se dos diálogos para aproximar as ideias filosóficas da compreensão do maior número. Um trabalho de vulgarização, portanto. Didático e pedagógico. Na linhagem mais vigorosa de seu mestre Sócrates. Menos com a preocupação de ensinar verdades, e mais com a de preparar para pensar. Pensar melhor. E por conta própria.

Como método, o diálogo pressupunha boa-fé. O empenho sincero de ambos em participar da produção de discurso esclarecedor. Em discernir a ideia e apresentá-la em sua formulação mais clara. Em produzir pensamento, de qualidade presumivelmente superior ao de cada um por si.

Por não estar sob o controle de nenhum dos que dialogam, pode enveredar por caminhos imprevistos e distantes das inquietações de início. Cabe aos interlocutores, portanto, bom senso no sentido de se conservarem próximos à preocupação inicial. Sobretudo quando o diálogo é oferecido — e este é o caso aqui — à leitura de mais gente. Uma leitura proposta em mercado e oferecida ao consumo costuma conter promessas na capa — promessas de objeto, método, estilo e alcance.

Ante esse compromisso, a liberdade que poderia caracterizar um diálogo de fim de noite com intercâmbio de parênteses sem volta dá lugar a certa disciplina que busca o esclarecimento de um objeto.

UM TEMA PARA INFINITAS PERSPECTIVAS

O nosso objeto aqui é o valor; de um lado, entendido na sua perspectiva mais ampla, ou seja, o valor enquanto tal. Genericamente. De outro, o valor das coisas; o valor que faz parte das relações que mantemos na vida; o valor do que é particular, dos encontros individuais.

E aí, é claro, muita coisa pode ter valor: os objetos, as condutas, as obras de arte, as paisagens do mundo, os discursos. E muitas vezes esse valor acaba sendo classificado em função do seu objeto. Assim falamos em valor econômico, afetivo, moral, estético etc.

Na hora de atribuir valor, invariavelmente nos reportamos a alguma referência. Assim, o valor das coisas pode ter a ver com a maneira como se compõe o universo, com sua harmonia com o resto; pode ter a ver com a alegria que desperta em quem as encontra; com verdades absolutas, ideias perfeitas; com alguma transformação social que se pretenda alcançar; com o grupo social a que se pertence; ou com o nível de oferta e de demanda.

PARA ESCOLHER A VIDA

E por que essa história de valores nos diz respeito? Ora. Porque um bom naco da vida é decidido por quem vive. Não tudo, claro. O acaso tem também muito a dizer sobre o que será de nós. Mas, quanto ao que depende de nós, cada instante de existência poderia ser muito diferente do que é. Possibilidades infinitas. Mas uma única vida de carne e osso. Excludentes de todas as outras. Preteridas. Ou sequer cogitadas.

Isso nos condena à liberdade. A essa necessidade de viver o não necessário. Ao imperativo de ter que decidir o que poderia ser outro. À tarefa ininterrupta de fazer a vida acontecer em detrimento de todas as outras que deram chabu. Porque você quis assim.

Escolher uma vida, uma situação, um caminho requer identificá-lo como superior a outros em disputa. Ora, essa superioridade advém de algum critério. Só esse indica, dentre todas, a alternativa que vale mais. A que merece ser escolhida. Sem atribuir valor a todas, não há como escolher, decidir, deliberar.

Esses critérios, vamos aprendendo a servir-nos deles, ao longo da trajetória que é a nossa. Na interação com as pessoas que nos cercam. E nos educam. No lugar em que nos toca viver. Na sociedade que é a nossa. No instante da história que corresponde ao nosso nascimento e seus anos subsequentes.

Fica claro que, se tudo fosse diferente, outros seriam os critérios que usaríamos para fazer nossas escolhas. Outros seriam os valores. E muito diferente seria a vida livremente escolhida para viver.

Assim, ainda há Estados que autorizam a morte em nome da justiça. Em outros, o direito à vida segue inviolável. Tempos antes, já foi tido como legítimo o espancamento de crianças e a escravização de seres humanos. Nos dias que correm, por mais que ainda haja casos de trabalho infantil, exploração de homens e mulheres, tudo isso é universalmente condenado pelos que buscam identificar as condições de uma sociedade justa.

Para além do espaço público, não há vida privada que possa prescindir, em nenhum momento, de critérios existenciais. Indicativos de vidas de maior valor. Pré-requisito de algum sentido e direção. Não faltarão candidaturas a fundamentar tão decisivas operações. Valores cósmicos, afetivos, econômicos, éticos, humanitários, ambientais, e por aí vai.

Muitas são as formas de classificar o nosso tema. Igualmente vastas são as abordagens possíveis. Por isso, é preciso alertar o nosso leitor. O que oferecemos aqui é uma perspectiva, ou várias, entre muitas outras possíveis, que resulta de uma formação, de um lugar no mundo ocupado pelos debatedores, de uma trajetória de experiências de cada um dos que dialogam, bem como dos objetivos que cada um deles pretende alcançar com este diálogo.

Dialogando, tratamos na primeira parte deste livro do pensamento grego antigo. Na segunda, falamos do pensamento cristão e de Immanuel Kant. Na terceira, abordamos a perspectiva utilitarista dos valores. Na última parte, apresentamos alguns valores em espécie.

De maneira geral, procuramos apresentar modos como uns poucos pensadores trataram a questão do valor. Como consequência da própria natureza do diálogo, o fizemos sem dogmatismos.

Num momento ou outro o leitor encontrará afirmações de pensadores antigos que podem parecer à primeira vista algum tipo de norma ou recomendação — pensamentos às vezes tão bem construídos por gênios de outras eras que parecem pôr um ponto-final na questão dos valores.

Portanto, podem se prestar a leitura que os dogmatize, que os tenha como uma espécie de grande lição sobre como pensar os valores ou sobre como atribuir valor a alguma coisa.

Rogamos ao leitor que não caia nessa armadilha. Por mais interessante que possa parecer o argumento de um pensador, deixar-se seduzir por ele a ponto de lhe consagrar um altar e desconsiderar todas as ideias discrepantes é contrário ao espírito da filosofia.

P.S. I: Se você leu esta apresentação na livraria e acha constrangedor ir até o caixa com um exemplar de *Somos todos canalhas* nas mãos, adquira pela internet. A opacidade da rede costuma dar abrigo a quem não pode assumir o que faz.

P.S. 2: Não há nenhum risco que a leitura deste livro, destinado a canalhas, cause danos à sua identidade. Que exclua o leitor deste grupo tão vitorioso. Afinal, todo produto colocado à venda deve carregar a pretensão de alargar seus consumidores potenciais.

P.S. 3: E se você ainda acha que este livro é destinado a um público restrito, reflita: quem, em qualquer sociedade do mundo, nunca cogitou saciar seus apetites particulares em detrimento da convivência?

INTRODUÇÃO

Desde que o homem pensa para além da estrita sobrevivência, busca valores absolutos tais como o sagrado, o belo, o justo. Pretende, assim, identificar o que seja valioso em todo tempo e lugar. Em qualquer das épocas da sua história. Como também nas diferentes sociedades espalhadas pelo mundo.

Isso exigiria identificar alguma coisa que tivesse valor tanto no Ocidente como no Oriente. Para os gregos, romanos, bárbaros, senhores feudais, comerciantes dos burgos, indígenas, mineiros e industriais da primeira hora, mas também para os capitalistas mais tardios e todos os seus colaboradores. Com suas vendas on-line, seus youtubers e seus mercados do luxo.

Não parece nada fácil encontrar coisas de valor tão universal.

O que costuma saltar aos olhos, esfregando-se na cara de qualquer um, é o particular, o diferente, único, irrepetível. É tão mais ululante concluir que as coisas valiosas de ontem hoje não valem nada. Ou o contrário. Flagrar nos dias de hoje o imenso valor de coisas que antes se desperdiçava em pudor.

Isso tanto na economia como nos afetos e nos costumes. Não precisa ir longe. É só vasculhar nas coisas da sua avó. E conversar com ela cinco minutos. Verá que o que ainda lhe faz brilhar os olhos tem pouco a ver com os troféus cobiçados por gente como você.

AGORA TUDO É PERMITIDO

A negação niilista de um Deus comum a todos, criador dos Céus e da Terra, não facilitou as coisas. Ele sozinho, e talvez só ele, poderia oferecer fundamento, com sua vontade única, a tudo que tenha pretensão de valer para todo mundo em qualquer época e lugar.

Afinal, não importando o século, a era, o milênio ou o sistema social e econômico em que a vida estivesse acontecendo, um Deus criador, eterno, transcendente, seria a garantia de que nem tudo é relativo e circunstancial. Nem tudo depende do episódico das relações materiais e de suas injunções.

Sem esse Deus, questionado por tantos, a busca dos tais valores que valeriam absolutamente converteu-se numa grande bobagem. Ou numa sacanagem maior ainda. Mera manifestação de poder que pretende se passar por outra coisa. Tentativa de tornar mais aceitável o triunfo de uma alegria sobre a outra. Dominação travestida de verdade.

VALORES PARA LIBERDADE

O problema é que, apesar disso tudo, temos que continuar vivendo e convivendo. E, salvo melhor juízo, nossa vida e nossa convivência continuarão dependendo de escolhas. E estas sempre implicarão a identificação do que mais vale a pena.

Portanto, ainda que os tais valores sejam uma grande bobagem ou uma grande sacanagem, continuaremos precisando deles para encontrar nossos caminhos, seja na particularidade de nossas vidas íntimas, seja na coletividade da nossa ética social.

E mesmo que alguém sugira que não há liberdade alguma, que não passamos de átomos em movimento, de um subproduto inexorável das relações materiais que nos constituem, de células ignorantes e iludidas, incapazes de identificar a complexa rede de causalidades que nos determina estritamente, o certo é que dentro dessa suposta ignorância nos acreditamos livres, senhores de certa autonomia de escolha, trazendo de novo à baila a necessidade da discussão sobre os valores.

A ORIGINALIDADE DO GENIAL

Quando se acusava a filosofia de Sartre do risco da gratuidade, por conta de sua concepção de uma liberdade absoluta, emergente do nada, para criar valores sem fundamento natural nem transcendente, ele respondia usando o exemplo da pintura de Picasso.

Quando Picasso pinta, ele não obedece a nenhuma norma preexistente nem a nenhuma ideia do belo. Não recorre a nenhum ideal eterno de arte pictórica.

E, ainda assim, quando falamos de uma tela de Picasso, jamais dizemos que se trata de uma produção gratuita ou frívola. Ele não pinta de qualquer jeito. Não pinta qualquer coisa. É exigente. Rigoroso. E estrito. Portanto, inventa critérios que lhe são próprios. Submete sua pintura a si mesmo até obter um resultado que o satisfaça plenamente. Ele é criador de valores.

VALOR É ECONÔMICO

Nada do explicado acima nos é familiar. Estamos acostumados a pensar os valores com uma perspectiva econômica. E os valores ditos econômicos não são da mesma ordem a que pertencem os valores éticos, estéticos ou espirituais.

Mas é no mundo da economia que a palavra "valor" adquiriu a importância dos tempos de hoje. É justamente neste mundo que o valor começou a ser entendido como subjetivo e variável, e não absoluto e estável.

Os economistas clássicos, desde Adam Smith, acreditavam que o trabalho e o esforço necessários para a produção dos bens que se trocam num mercado poderiam fornecer a medida universal do seu valor.

Eles enxergavam no tempo de trabalho necessário à produção uma espécie de lei ao alcance universal que regulamentaria mais ou menos conscientemente a troca dos bens. No final do século XIX surge uma nova concepção de valor, decorrente da tomada de consciência do preço real e verificável tal como ele se determina num mercado de maneira variável, momentânea, pelo jogo sempre a redefinir e imprevisível da oferta e da demanda.

Para determinar o que valem os bens, nos ensinam os economistas neoclássicos, é o ponto de vista do consumidor em busca da satisfação de um desejo que conta. Não mais o do produtor. Importa, assim, o nível de satisfação do consumo. Jamais o esforço para a produção.

O mercado, na sua forma pura de concorrência perfeita, parece um leilão. No qual múltiplos fatores, desejos subjetivos, angústias de circunstâncias e apostas aleatórias determinam o preço instantâneo, pelo jogo sempre resvaladiço da oferta e da demanda.

E não podemos encontrar aí nenhum elemento de estabilidade nem nenhuma lei universal e permanente que possa explicar a determinação do preço sobre o qual recaem todos os acordos entre os jogadores em troca. Os caprichos mais loucos podem incidir tanto quanto a reflexão mais lógica e ajuizada.

A tentativa de uma busca impessoal, objetiva e racional é substituída por uma constatação decepcionante de um valor marcado pela subjetividade ou ao menos pela intersubjetividade, mas certamente transitório, momentâneo, que não parece responder a nenhuma lei reguladora que transcendesse a mais estrita contingência das operações do mercado, a confrontação permanente das imprevisíveis incidências de oferta e demanda.

ESTÉTICA DA EXISTÊNCIA

O valor deixa de pertencer à esfera da norma e torna-se destaque do mundo do acontecimento. Essa guinada hedonista e subjetiva, tardiamente admitida pela teoria econômica, nunca mais saiu de cena e se tornou hegemônica até os dias de hoje.

Atualmente, constatamos que nossa vida, cheia de encruzilhadas, requer de nós escolhas sobre o bom, o belo, o justo e outros tantos valores, que nunca se deixaram reduzir a critérios unos e absolutos.

A vida não é só consumo, porque não somos coisa. Também não é só desejo, porque há satisfação. Ainda que meramente instantânea. Uma saciedade que empanturra e preenche toda falta de presença transbordante. Até uma nova falta. E mundos anunciando o jeito certo de eliminá-la.

Tudo muda, e tudo o que nos afeta é sempre inédito. Engana-se quem toma a alegria de ontem pela de hoje. O mundo alegrador não é mais o mesmo. Tampouco nossos corpos e almas. E a segunda mordida no doce já será outra. Como o segundo banho no rio. E o segundo beijo no amor da sua vida.

Nietzsche nos falava de uma estética da existência. De fazer da vida nossa obra de arte. Incitando-nos a perguntar se o nosso dia a dia é autêntico como uma obra de Picasso ou medíocre como uma réplica qualquer.

E tudo será uma questão de grande estilo, de equação de forças vitais, de inocência do devir e de querer repetir por toda a eternidade aquele singelo instante vivido. No lugar de não ver a hora de cair fora dali o mais rápido possível para só voltar na segunda.

O que trazemos a seguir são entendimentos sobre valor apresentados por alguns grandes pensadores. Que contribuam para relembrar nossa soberania. E nos ajudem a resistir, lúcida e eficazmente, contra tiranos espertalhões, sempre à espreita para assegurar a supremacia de seus vis interesses, disfarçados de verdades inquestionáveis sobre o mundo, o homem e a vida.

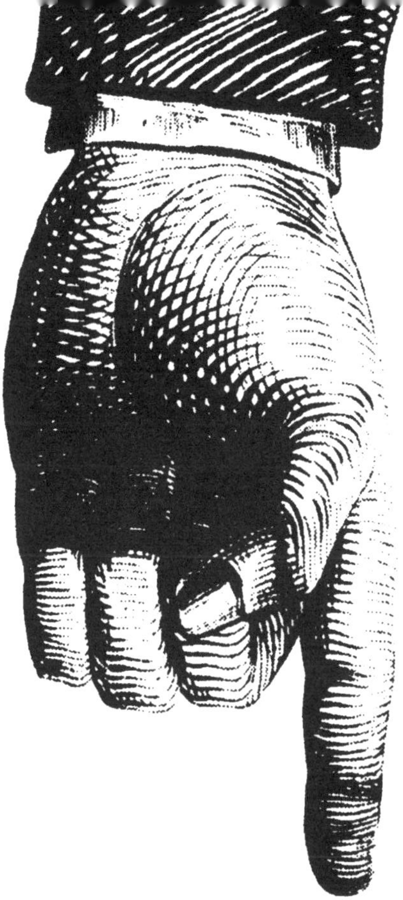

PARTE I

GREGOS

[CLÓVIS] Nas minhas aulas, quando falo de valor, costumo partir de um exemplo familiar aos alunos: a prova — um procedimento de avaliação entre outros possíveis. Com efeito, é preciso atribuir-lhes uma nota para que possam ou não ser aprovados. Sempre me intrigou que um aluno que compareceu durante todo o semestre, participou das aulas, manifestou-se, ganhou repertório e conservou lacunas possa ser avaliado por uma nota entre zero e dez. Sete, por exemplo.

Ora, o que efetivamente aconteceu? Bem, foi aplicada uma prova. Fica estabelecido, por um acordo tácito, que as questões que compõem essa prova e suas respostas são representativas de todo o desempenho do aluno. Realizada a prova, o professor faz a correção. Em que consiste esse procedimento?

Consiste em verificar — de forma mais ou menos rigorosa — a equivalência entre as respostas dadas pelo aluno e aquelas consideradas corretas pelo docente. No caso de uma prova de múltipla escolha, essa verificação é imediata e mecânica. Se for dissertativa, a comparação é mais trabalhosa e sutil. Mas em qualquer tipo de prova a nota do aluno resulta de uma comparação com uma prova de referência: o gabarito da prova.

Esse exemplo nos permite propor algumas questões. Será que para atribuir valor a outras coisas — diferentes de uma prova — realizamos procedimento semelhante? Será que todo valor pressupõe uma comparação com alguma referência considerada nota dez?

A namorada nova do melhor amigo. E você pergunta se é gata. E ele responde. Seja lá o que disser, tenderá a atribuir valor. Um valor de beleza. Às vezes, vem em forma de nota mesmo. Avaliação sumária. No concretão. Nota dez. Show de bola. Padrão Faustão. Ou, ao contrário, já se desculpando: não sei direito o que foi que eu vi nela.

Podemos não saber o fundamento dessa atribuição de valor. Tampouco os amigos se preocupam com essa investigação. Mas de uma coisa podemos ter certeza. Eles se conhecem. A comunicação funciona. Há confiança no procedimento. Quando uma apreciação é feita por um deles, o outro tem uma ideia muito clara dos atributos da pessoa avaliada. Com margem de erro inferior a muita pesquisa de jornal.

Deixemos de lado a namorada do rapaz. Imagine agora que você esteja mobiliando um apartamento para onde pretende se mudar. Você precisa de uma mesa de jantar. São várias as possibilidades. Para escolher uma, você precisa atribuir valor a todas aquelas que se apresentam como compráveis.

Será que acontece com a mesa de jantar o mesmo que aconteceu com a prova do aluno? Será que o seu valor tem a ver com a comparação que possamos fazer com a mesa nota dez ou com um gabarito de mesa?

Mais um exemplo. Afinal, nem só de corrigir prova vive um professor. Felizmente, que fique claro. Nada pode ser mais enfadonho. Quando se pensa na atividade docente, o que vem à mente em primeiro lugar é a aula propriamente dita. Dar aula tem algo de artístico que torna o ofício mais atrativo. Pois muito bem. Qual o valor de uma aula?

Em muitas universidades, sobretudo as privadas, os professores são avaliados pelos alunos em fichas com critérios muito objetivos. Não raro, de zero a dez. Dessa avaliação pode depender seu emprego.

De onde o aluno tira essa nota? Como pode concluir que o professor vale cinco ou quatro? Será que nesse caso também é preciso fazer uma comparação? Uma verificação de correspondência ou semelhança com alguma aula nota dez? Um gabarito de aula? Disporá o aluno desse gabarito? Qual a sua origem?

Caso você concorde que para atribuir valor ao que quer que seja — artefato, obra de arte, conduta humana, paisagem, corpos — tem que compará-lo com uma referência considerada nota dez, terá que enfrentar novas dificuldades: essa referência já existe em algum lugar e nos cabe encontrá-la?

Se já existe, onde se encontra? Como fazer para chegar até ela? Qual o caminho ou procedimento? Essa referência é só uma ideia ou perambula pelo mundo dos corpos? E se essa referência não existir em lugar nenhum? Nesse caso, teríamos que fabricá-la?

Essas dificuldades se apresentam na hora de escolher a mesa e avaliar o professor. Como em qualquer outra situação em que a vida dependa de nossas escolhas. Sem referência, como escolher?

E, como se tudo isso não bastasse, ante uma referência qualquer sugerida por alguém, como ter certeza de que essa é a nota dez? Afinal, não faltarão aqueles que tenham interesses relacionados à nossa escolha e que por isso queiram influenciá-la. Um exemplo é o vendedor, que sempre tem uma referência muito parecida com o produto que precisa vender.

Bem, essas são perguntas interessantes e que permitem ao meu amigo Júlio intervir.

* * *

[JÚLIO] Olá, Clóvis. Podemos pensar a questão de outra maneira, a partir do exemplo de alguém que tenha dificuldades em julgar. Imagine uma mulher portadora de belo nariz e olhos que geralmente lhe chamariam a atenção, mas que também é dona de uma boca esquisita, deformada por botox, e de orelhas marcadas por uma falta de formosura indescritível. Mensagens estéticas discrepantes.

Considerada parte a parte, poderia se dizer que existiriam algumas bonitas e outras feias, mas, se analisado o conjunto, essa série de informações divergentes dificulta muito o julgamento estético. Nessa situação, você simplesmente não sabe dizer se aquela pessoa à sua frente é bonita ou não. Instado a realizar um julgamento, se depara com a incapacidade de fazê-lo.

Esse exemplo nos permite ponderar sobre a complexidade de um gabarito que nos deixe realizar um juízo estético, algo banal que realizamos aos montes todos os dias. Ele deve ser capaz de dar conta até mesmo das discrepâncias. Sem um gabarito que consiga conciliar informações tão distintas umas das outras; que consiga juntar, num critério único de valoração, o valor do nariz adunco, dos olhos de ressaca e da orelha puntiforme. Haveria como quantificar o belo ou o feio de alguma parte do corpo de maneira que três vírgula dois de bochechas fosse compensado com o grau oito de lábios? Como incluir num único cálculo objetos de naturezas distintas?

Outro exemplo. O juiz, que diante de um caso concreto não sabe muito bem o que fazer. Dois possíveis motivos: ou ele não entendeu bem o caso e, por isso, não se sente seguro para julgar, porque não sabe ao certo o que está em julgamento. Ou então ele tem dúvida quanto à lei, quanto ao critério que deveria balizar seu julgamento. Seja pela incompreensão do objeto à sua frente, seja pela inexistência de um critério adequado de julgamento — um gabarito —, o ato de atribuir valor a alguma coisa torna-se impossível.

Mas pode haver ainda outra ordem de dificuldades, o que permite ampliar um pouco as nossas questões. Talvez a mesma confusão de julgamento ocorra não por falta de um gabarito adequado para julgar coisas de naturezas tão distintas ao mesmo tempo, mas pelo excesso. Talvez tenhamos gabaritos demais aplicáveis ao mesmo tempo. Resultados divergentes, a depender do gabarito escolhido.

Já que você falou em julgar provas de alunos, lembro de uma vez em que uma aluna veio falar comigo. Ela havia tirado uma nota muito baixa e, por isso, me interpelou: "Professor, por que minha nota é tão baixa? Você não gosta de mim?". Disse a ela: "Gosto muito de você. Acho que no fundo até te amo. Estou certo de que a nota que você mereceria pela pessoa que é só poderia ser dez. Mas, tendo em vista a prova que você realizou, a nota é essa aí mesmo, chinfrim. Sua prova é ruim. Não está de acordo com o gabarito".

A prova era de ética. Realmente, há algo de pessoal na nota. Afinal, o que pensar de alguém que tira 3 em ética? Nesse exemplo, existem dois gabaritos. O da aluna, que acredita que a prova não apenas demonstra seu desempenho como estudante, mas de certa forma apresenta um valor sobre quem ela é, e, por outro lado, o do professor, que emite o julgamento baseado na comparação da prova com o modelo.

Todos esses exemplos reforçam a ideia de que realmente só é possível julgar ante a existência de um gabarito, ainda que ele não seja único, o que nos leva a um segundo problema: determinar não só de onde vem o gabarito, mas talvez de onde vêm os gabaritos.

[CLÓVIS] Platão oferece ferramentas para essa atividade da razão que nos permite atribuir valor às coisas, às condutas, aos corpos etc.

Comecemos pelas experiências mais primárias. Antes de chegar nos valores do mundo, proponho uma paradinha nos contatos mais imediatos com as suas coisas. Você abre os olhos e algumas delas se apresentam para a sua percepção. O rosto de uma pessoa chamada Arlindo, o carro estacionado de cor prata e meio amassado, a coxinha creme com osso e tudo em meio a outras na padaria, livros na estante, muitos, justapostos.

Muito bem. Fomos levados a acreditar, desde sempre, e com força de obviedade, que todas essas coisas do mundo são mesmo como nós as estamos vendo. Isso na hipótese de sermos dotados de visão perfeita, claro.

Assim, Arlindo é, de fato, o que você está vendo. A partir do flagrante visual você fará seus comentários: ele é simpático, é gordinho, sardento, risonho, distraído, feio, triste etc. Perceba. Bastou uma olhadinha para que você se sentisse autorizado a listar um montão de coisas sobre o ser de Arlindo. Afinal ele é mesmo simpático.

"Você não tá vendo?" "Você não viu?" "Estava bem no seu nariz!" "Era só abrir os olhos!" "Parece que é cego!" "Qualquer um teria visto que..." São frases que costumam vir acompanhadas de alguma indignação. Toda evidência cobra adesão imediata. A correspondência entre o flagrante visual e o ser das coisas faz parte daquelas certezas que dispensam toda cogitação.

Pois bem. Platão sugere estarmos bem equivocados. E recomenda submeter essa certeza de todos a um exame da razão. Preconiza uma saudável desconfiança do percebido pelos sentidos como fonte de informação a respeito do ser das coisas. Isto é, as coisas não são como nós as vemos.

Bastaria mudar de posição em relação à coisa observada. Nesse caso, ela se deixará flagrar pela visão de outra maneira. Ante a mesma coisa observada, você enxergará outra coisa.

Ora, a partir do momento em que você pode mudar de posição infinitamente — porque é possível mudar de ângulo, de perspectiva, de distância —, cada novo ponto de vista te traz um resultado visual diferente. Todas as coisas do mundo podem ser captadas por infinitas percepções.

Mas então como fica a correspondência entre o que as coisas são e o que você vê delas?

De duas uma: ou uma só coisa é também infinitas coisas diferentes, o que é absurdo, ou então aquilo que você vê não corresponde ao ser, ao que as coisas realmente são. Porque se as coisas são, elas são uma coisa só. E, portanto, não são nem três, nem quatro, nem cinco, muito menos infinitas.

Isso nos permite concluir, sempre segundo Platão, que o que você vê não é o que a coisa é. É uma aparência que não coincide com o ser da coisa. A visão, portanto, nos afastaria das coisas, do que elas realmente são. Ela nos confunde, nos distancia do ser.

Se as coisas não são o que vemos, o que será que elas seriam? Poderíamos saber algo das coisas para além da percepção? O que poderia haver nas coisas além dessa percepção? Como chegar ao que elas são de verdade senão pelos sentidos?

Tomemos como exemplo uma galinha. Dessas que você já encontrou em algum quintal da sua vida. Uma galinha viva. De carne, osso e penas. Dependendo do grau de urbanidade em que esteja inserido, talvez nunca tenha visto uma dessas. Mas não é seu caso, claro.

E aí você é obrigado a aceitar que aquela galinha que é a sua galinha, aquela que você encontrou, a galinha da sua vida, que passou pela sua frente, a Carijó, não é exatamente igual a nenhuma outra galinha do mundo.

E você sabe disso porque, se enfileirar trinta galinhas, notará algumas diferenças entre elas.

Na verdade, isso não funciona só para galinhas. No mundo não há nada igual a nada. A igualdade não passa de uma operação matemática, um recurso da razão. Se o leitor imaginar um mundo sem vida inteligente, nele não haverá igualdade. Tampouco diferença. Coisa da cabeça de quem fica comparando. Nesse mundo sem pessoas como nós tudo apenas seria. E ponto-final. Nem igual, nem diferente.

Voltando à galinha, insisto: a sua galinha não é exatamente igual às outras.

Muito bem. Veja que curioso. Você acaba de encontrar uma galinha que é diferente de qualquer outra. No entanto, tem certeza de que se trata de uma galinha. Ora, se você nunca viu aquela galinha antes e se ela é diferente das outras que já tenha visto, como pode saber tratar-se de uma galinha como as outras?

Platão vai nos sugerir que por trás das particularidades daquela galinha, do seu tom de pena, do seu cacarejar específico, do seu andar manquitolante; por trás de uma pequena cicatriz que ela teve por conta da agressão de um galináceo mais afoito; por trás de tudo isso existe uma essência de galinha — isto é, aquilo que toda galinha tem que ter para ser uma delas.

O que está por trás de todas as particularidades e detalhes distintivos, que consta em toda e qualquer galinha. E você sabe que aquela galinha é galinha porque conhece essa sua essência — uma essência que só existe enquanto ideia, claro.

Então, veja que Platão acaba de estabelecer uma distinção fundamental.

De um lado, existem as galinhas que você encontra no mundo usando os sentidos do corpo; e, de outro, existe a ideia de galinha, uma única ideia, comum a todos nós que pensamos sobre galinha. Uma ideia que não se encontra dando uma volta por aí, xeretando com os olhos as coisas do mundo. Porque, diante de você, só encontrará galinhas de carne e osso. Como a Carijó. Mas diferentes dela um tiquinho.

A pergunta que segue só pode ser esta: se você não esbarra na ideia de galinha, como a encontra? Como a conhece?

Platão explica que a ideia de galinha é encontrável pelos olhos da razão, e não pelos olhos dos sentidos, do corpo. A ideia de galinha é o resultado de uma operação intelectiva, de um pensamento, de um trabalho intelectual.

Veja que interessante: galinhas particulares, você as encontra caminhando por aí, usando os sentidos. Já a ideia de galinha, você encontra pensando, refletindo.

Lembremos que as primeiras, as galinhas que você vê, não são o ser da galinha. Portanto, a verdadeira realidade da galinha, o seu verdadeiro ser, para Platão, é a sua ideia, é a sua essência — apenas alcançável por meio da razão e do intelecto.

Você, caro leitor, pode questionar: qual é a relação entre a essência da galinha e a galinha que está no seu quintal, aquela mesma, com a cicatriz, a Carijó?

Para Platão a relação entre ambas é de participação e hierarquia. Assim, em primeiro lugar, a Carijó, galinha com cicatriz, participa da ideia de galinha. Em outras palavras, essa ideia de galinha está presente na Carijó.

E você pode chegar da Carijó, galinha com cicatriz, até a ideia de galinha desde que esteja preparado para fazer esse tipo de operação que sai de uma experiência sensorial e chega, por intermédio de abstrações sucessivas, a uma experiência meramente intelectual.

Em segundo lugar, entre a galinha que você vê e aquela que você elucubra, há uma relação hierárquica; a Carijó, galinha observada com os sentidos, é inferior à ideia de galinha.

Porque esta última é o seu ser, a sua real realidade. Enquanto a primeira, que resulta de uma percepção, está determinada por uma perspectiva e, portanto, não passa de uma aparência. Menos importante do que a sua essência.

Ora, em que medida essa distinção entre as percepções sensoriais e as essências pode fundamentar uma teoria do valor?

Pois muito bem. Da mesma forma que o gabarito do professor é referência para o valor da prova do aluno, assim também a ideia seria para Platão a referência a partir da qual poderíamos atribuir valor às coisas do mundo.

Sendo fiel aos exemplos, as galinhas de carne e osso teriam maior ou menor valor em função da maior ou menor proximidade com a ideia de galinha. Esta funcionaria como gabarito para o desempenho dos galináceos que passassem pelo nosso crivo.

Outro exemplo mais à sua altura, caro leitor: a atribuição de valor a uma ação humana específica decorre de uma comparação entre ela mesma e uma ideia de virtudes como temperança, benevolência, honestidade, entre outras.

Terceiro exemplo: se eu tiver que atribuir valor de beleza a uma mulher — e eu me permito que seja uma mulher, porque isso me facilita pensar —, qual é a recomendação mais incisiva de Platão? Que eu relacione aquela experiência sensorial — visão, tato, paladar, olfato —, que é a observação do corpo da mulher, com uma referência: a ideia de beleza.

Mas Platão adverte: chegar até a ideia de beleza não é nada fácil. Na verdade, há um imenso percurso intelectual entre a beleza flagrada no corpo de uma mulher chamada Laura, sua curvatura glútea ou mamária, simetria facial, cabelos, e a ideia de beleza. É uma escada com muitos degraus de abstração.

Assim, partimos de um flagrante particular: a Laura, mulher de topografia arredondada, com nome, endereço e idade. O degrau superior a este é uma ideia de corpo feminino. Deste, passamos a uma ideia de corpo humano belo. E daí para uma ideia de corpos belos, não necessariamente humanos. Para, finalmente, chegarmos ao belo desencarnado — um belo em si, sem nenhuma matéria como suporte. É um longo caminho.

Eis a referência que permitiria identificar o belo em qualquer particular. Sem erro. Sem preferências. Sem circunstâncias. Referência sem a qual todo juízo particular de beleza seria temerário e estaria à mercê de atrações e repulsas de circunstância.

Em outras palavras, sem a ideia de beleza na cabeça, é impossível saber se aquela mulher ali na outra mesa é mesmo bela ou está se aproveitando de algum momento nosso de fragilidade e carência.

* * *

[JÚLIO] Outra questão em Platão seria de onde vem o gabarito e como poderíamos conhecê-lo. O ponto de partida é percebermos que, para Platão, *ser* e *estar* são dois verbos e duas condições completamente distintas. De um lado, estão as coisas que sensivelmente percebemos no mundo, tal como uma galinha que constatamos ser única. Pois bem. Se olharmos constantemente para essa galinha do mundo sensível, veremos não só que ela é diferente das outras, mas também que ao longo do tempo ela é diferente de si própria. Ela se transforma, envelhece, perde penas. Vai perdendo a graça do cacarejo e o viço da plumagem. Ela é decrepitude constante, galináceo em perecimento.

E não é só com uma galinha que isso acontece. No mundo físico, todas as coisas com as quais podemos interagir com nossos cinco sentidos seguem a mesma sina, a da mutação, impermanência, corruptibilidade. Todas as coisas sensíveis *estão*. Elas não *são*. Aquilo que é tem como condição do ser a sua imutabilidade. O que é não perece nem se transforma. Se no mundo físico tudo o que percebemos são coisas corruptíveis, então neste mundo, que captamos com os sentidos, nada de fato é. Tudo apenas está.

Algo que *é*, imutável, só poderia estar para além dos sentidos. Em algum lugar que não pode ser percebido através da visão, do tato, do paladar, enfim, de nenhum dos nossos recursos sensoriais para perceber o mundo. A esse suprassensível, Platão vai chamar de mundo das ideias. Trata-se de outro mundo mesmo. Mundo que não se pode ver, que não se pode ouvir. Mundo onde existiriam as coisas em seu estado ideal. Imperecível. Esse é o mundo do ser.

Para lá, nós, que temos um corpo sensível, não podemos ir. Mas nele já estivemos. Não com nosso corpo, mas com nosso espírito. Platão acreditava que cada um de nós possuía duas partes: uma material chamada corpo e outra imaterial chamada espírito, ou *psique*. Alma, se preferir.

Num diálogo muito interessante, intitulado Mênon, Sócrates é personagem de Platão. Como acontece em boa parte dos diálogos platônicos, não se sabe ao certo até que ponto Platão age como uma espécie de jornalista virtuoso que narra com fidelidade um debate ou embate entre Sócrates e um interlocutor eventual e até que ponto ele age como autor de uma obra ficcional que atribui a Sócrates, tratado como se fosse um personagem, ideias que de fato são suas. Vamos entender aqui Sócrates como personagem.

Sócrates discute com Mênon sobre a virtude, questionando se ela pode ser ensinada. Mênon é um pai preocupado com a educação do filho. Ensinar português é fácil. Ensinar matemática é fácil. Geografia, também. Para tudo isso, temos métodos pedagógicos eficientes. Uns mais, outros menos. Transmitir conhecimentos objetivos não é nenhum mistério para nós, mas será que existe alguma forma de educação que seja transformadora do caráter? Como ensinar de tal maneira que o mau-caráter vire alguém bom? Ou, como é posto no diálogo, será que a virtude pode ser ensinada?

Entenda aqui virtude como uma boa disposição de espírito, um talento socialmente adequado e útil. Sendo fiel ao seu método, chamado de *maiêutica*, Sócrates num primeiro momento responde a Mênon: "Olha, não sei se a virtude pode ser ensinada, porque não sei o que é a virtude". Sócrates tem uma espécie de bordão: "Só sei que nada sei". A única certeza de Sócrates é a de sua ignorância. Levando a sério o "só sei que nada sei", num primeiro momento ele diz a Mênon: "Não sei o que é virtude e, sendo assim, sequer posso dizer se é possível ensiná-la ou não". Mas complementa: " Você, Mênon, viu um sofista falar sobre virtude. Então, você pode me explicar".

E Mênon diz: "Sim, de fato ouvi dizer que ser virtuoso é ser corajoso, o que é muito importante para a cidade. É melhor ter um cidadão corajoso do que cidadãos covardes, por exemplo". E Sócrates responde: "Sim, a coragem é muito importante, mas ela é um exemplo de virtude. Em sendo um exemplo, uma virtude em espécie, não pode corresponder à ideia de virtude, à essência da virtude".

O que Sócrates quer pôr em discussão é a ideia, ou, se você preferir, o conceito de virtude, considerando conceito como um discurso capaz de transmitir com fidelidade a ideia de alguma coisa. Antes de conhecer o conceito de virtude, não seria possível dizer se ela é passível de uma intervenção pedagógica ou não.

Daí Mênon diz: " Talvez a virtude não seja a coragem, e sim a temperança". E Sócrates sempre responde do mesmo jeito: "Esse é o exemplo, não é o conceito". E assim vão se sucedendo as tentativas, até a hora em que Mênon, já meio sem paciência, diz:

"Sócrates, das duas uma: ou você realmente não sabe o que é virtude — e, se não sabe, você não teria condição nenhuma de dizer que aquilo que eu digo que é virtude não o é, ou você sabe o que é virtude e por isso me corrige.

"Mas se sabe o que é virtude, esse ato de constantemente me corrigir é pura perda de tempo. Por que, em vez de ficar me perguntando coisas das quais você já sabe, não assume logo de uma vez que sabe o que é virtude e passamos para aquilo que realmente nos interessa? Ou seja, se a virtude pode ser ensinada ou não."

Esse é o chamado *paradoxo de Mênon*. Vamos supor que nós comecemos a discutir o que são mafagafos. Alguém diz: "Mafagafo é azul!". Eu digo: "Não, mafagafos não são azuis". Então a pessoa retruca: "Bom, se não são azuis, que cor têm os mafagafos?". Respondo: "Não sei".

Imagine que diálogo sem pé nem cabeça! Se eu não sei qual é a cor de um mafagafo, como poderia dizer que ele não é azul ou vermelho ou abacate ou rosa com bolinhas roxas? Não poderia nem dizer se mafagafo é ele ou ela. Se é mineral, animal ou vegetal.

Isso mostra que a condição para que se discuta alguma coisa, a condição mesma para que se perceba numa galinha singular uma essência de galinha, é ter, antes do encontro com essa galinha particular no mundo, a ideia de galinha presente em nós. Se ignorarmos completamente a ideia das coisas que encontramos antes de encontrá-las, não nos é impossível atribuir a elas qualquer tipo de significado ou valor.

O paradoxo de Mênon levado à radicalidade coloca a própria filosofia em xeque. Se a filosofia é a tentativa de encontrar os conceitos das coisas, o discurso do ser das coisas, então das duas uma: ou discutimos coisas cujas ideias já sabemos, e, portanto, ela seria simplesmente um esforço inútil, uma tentativa de conhecer o que já se conhece.

Ou, por outro lado, se ela for uma tentativa de conhecer aquilo sobre o qual desconhecemos absolutamente tudo, é tarefa impossível. Todo esforço intelectual da filosofia seria, em última análise, uma inutilidade ou uma impossibilidade.

Como Sócrates responde a isso? Num primeiro momento, ele diz: "Mênon, as duas hipóteses estão corretas. Ao mesmo tempo nós conhecemos as coisas e não as conhecemos".

Ele explica isso retomando o conceito de dualismo, lembrando a ideia de que somos dois em um. Platão acredita que nós temos uma alma imortal e que ela esteve no mundo das ideias antes de estar unida a um corpo aqui no mundo sensível. Lá no mundo das ideias ela pode ver, sem intermediários, as coisas como realmente são. A nossa alma, portanto, conheceria tudo. Ela conheceria as essências de tudo. O problema é que nossa alma não está aqui, livre. Ela se encontra agora misturada a um corpo. E para Platão essa mistura entre corpo e alma é um arranjo mal-ajambrado.

A mistura entre uma coisa imortal e imaterial chamada *psique* ou alma e outra material e mortal, corruptível e perecível, chamada *corpo* não é concebida como se o corpo fosse uma casca oca, com uma alma dentro desse vazio, espécie de corpo-clara com uma alma-gema lá dentro.

Está mais para a ideia de dois líquidos com densidades diferentes, mas próximas. Dois líquidos que não se misturam por completo. Imagine que, num copo com essas duas substâncias, alguém dê uma chacoalhada. Logo após, o que se percebe é que teremos em determinado momento maior concentração do líquido A na parte de cima e maior concentração do líquido B na parte de baixo. E na faixa intermediária teremos uma mistura que tende à homogeneidade entre A e B.

Eis a mistura entre corpo e alma. Não há um pedaço nosso no qual exista só corpo ou só alma. Na verdade, quanto mais acima de nosso ser, mais alma e menos corpo; quanto mais para baixo de nós, menos alma e mais corpo.

Assim, Platão se permitiu dividir a alma do homem — ou seja, aquilo que nos faz pensar e mover — em três partes. Três partes da mistura entre corpo e alma. Uma que corresponde à nossa cabeça, chamada de *parte racional*, onde haveria mais *psique* do que corpo; outra inferior, correspondente ao baixo-ventre e aos genitais, chamada *apetitiva*; e a parte intermediária, aquela da mistura quase homogênea entre corpo e alma, localizada no peito e à qual Platão chamou de *parte ativa da alma*.

Ora, dizer que temos três partes da nossa alma, em sendo a alma aquilo que nos move e nos faz pensar, equivale a dizer que existem três causas de nossos pensamentos e de nossas ações.

Dessas três partes da alma, aquela mais próxima do baixo-ventre e genitais, a parte chamada apetitiva, é aquela mais associada ao agir conforme os desejos, os afetos, os sentimentos.

No diálogo *A república*, Sócrates explica para Glauco como funcionariam as três partes da alma comparando-as com animais. A parte apetitiva, ele compara com uma hidra, ser mitológico com corpo de dragão e cabeças de serpente. Bicho terrível. Se você corta uma de suas cabeças de serpente, nasce outra. Infinitamente. Bicho imortal. Bela e fabulosa representação dos desejos. Desejar é buscar o que não se tem. Ninguém deseja o que tem. Só se deseja o que não se tem e, por outro lado, pelo que se tem nutre-se desprezo.

Por exemplo, tenho muita fome porque tenho falta de comida. Ansioso pela refeição, como demasiadamente. Como tanto que digo: "Não aguento mais comer nada, exceto aquele pudim". Aquele pudim é tudo de que preciso. Devoro o pudim. Satisfeito? Não. Outra cabeça de hidra nasce no lugar dizendo: "Um cafezinho agora cairia bem". Tomo um cafezinho. Saciado para todo o sempre? Não. Uma siesta agora seria perfeita. E assim vamos nós, de desejo em desejo, buscando sempre uma vida que não temos. Eis como vive o homem guiado por sua parte apetitiva.

O extremo oposto dela seria a parte racional da alma, daqueles homens que são guiados menos pelo corpo e mais pela alma que se lembra das coisas como realmente são. Na verdade, a mistura da alma com o corpo provoca o esquecimento das coisas como realmente são. A alma viu os gabaritos da existência, viu todos os gabaritos que nos permitiriam julgar bem qualquer coisa. Mas agora ela está misturada com um corpo cheio de afetos, de sentimentos e de desejos, que funciona como um princípio de esquecimento da alma. Só o que nos restaria seria a razão, como um esforço de reminiscência, de lembrança dos verdadeiros valores das coisas, dos ideais, dos gabaritos.

Em resumo, para Platão, o homem que é eticamente mais apto a lidar com valores, aquele que valora bem, aquele que ao ver a mulher bonita julga com precisão a beleza, é justamente aquele que se deixa afetar menos pelo seu próprio corpo e mais pela própria razão.

Não é à toa que uma série de práticas morais, práticas de aprimoramento do espírito, tentativas de criar pessoas mais virtuosas, correspondam até hoje a atitudes apequenadoras do corpo como condição de engrandecimento do espírito. Como condição da supremacia da razão — sempre boa — sobre os desejos — sempre maus.

Por exemplo, um monge num mosteiro medieval encontra uma freira no corredor. Mulher de belos dotes físicos. Mulher que lhe apetece. Vendo-a, seu corpo desejante se manifesta com o crescimento inoportuno de certa parte. Ele fez voto de castidade. Se fosse para rompê-lo, nada pior do que com uma freira, que também fez os seus votos de entrega a Jesus, não aos homens. Seria uma espécie de duplo pecado.

O que faz o monge para se livrar dessa influência ruim sobre o corpo e permitir que predomine a sua razão, razão que diz que a fé nos valores religiosos, dentre eles, a castidade, vale mais do que as demandas do corpo? Ele tem que fazer com que esses valores se imponham. Tranca-se na sua cela, pega um chicotinho chamado *tripalium*, chicote com três varinhas de madeira e bolinhas de metal nas pontas, e começa a flagelar-se — para quem quiser seguir a receita dessa prática virtuosa, em qualquer sexshop ou loja especializada em instrumentos de sadomasoquismo encontrará apetrechos similares.

Trata-se aqui de sacrifício religioso. Não para deixar um santo feliz, mas única e exclusivamente para enfraquecer o corpo, porque, sendo este a morada dos desejos, quanto mais fraco o corpo, mais branda é sua influência em nossos pensamentos. Quanto mais enfraquecido o corpo, quanto menos trela nós dermos aos nossos sentidos, em tese, mais bem avaliados seriamos. Somente assim julgaríamos os verdadeiros valores. A condição para ser bom conhecedor do gabarito dos valores em Platão é o flagelo do corpo.

PARTE I — INTERVENÇÃO III

[CLÓVIS] Se me permite, Júlio, gostaria de retomar a ideia de gabarito. O caso do professor que aprova ou reprova alunos mediante comparação é apenas um exemplo de atividade que requer atribuir valor às coisas do mundo. E quanto ao resto?

Se o leitor refletir um pouco, verá que não faz nada sem supor o quanto as coisas valem. Assim, com que roupa eu vou no samba que você me convidou? Meio de transporte coletivo, próprio, táxi? Com quem? Sozinho ou com alguém? Uma boquinha antes? Sem uma branquinha não rola feijoada que preste! Os exemplos de ações que requerem discernir o valor disto ou daquilo vão ao infinito.

Se a prova do aluno tem o seu gabarito, podemos supor que o resto das coisas também tenha os seus. Gabarito de churrasco, de pagode, de indumentária, de transporte etc. Um gabarito específico para cada coisa. Perceba que estamos na mais estrita particularidade.

Um abajur qualquer tem o seu valor definido a partir de uma comparação com um gabarito de abajur. Para cada sombra dentro da caverna, uma realidade que projeta a sombra. Para cada coisa no mundo, uma ideia. Uma essência. Uma forma perfeita.

Mas veja: todas as provas da classe são contrastadas a um só gabarito. Há, portanto, uma redução, uma conversão de plural em singular, de múltiplo em uno. Da mesma forma, abajures diversos no mundo das coisas sensíveis seriam confrontados a uma única ideia de abajur. Valerá para tudo. Poesia, rabada, retrovisor, harpa paraguaia.

Mas como ter certeza a respeito desse gabarito?

Temos que subir degrau por degrau. Estamos na fase de uma única ideia de abajur para uma infinidade de abajures particulares. Essa ideia de abajur não pode estar solta. Ela está no mesmo nível da ideia de guarda-chuva. E essas duas, por sua vez, estão amarradas a uma ideia que lhes é superior.

Assim, é preciso encontrar uma ideia para todas as coisas, que por sua vez estará amarrada a ideias do que não são coisas. Dessa forma, tudo no mundo vai se reunindo em torno de três grandes referências: a verdade, a beleza e o bem. E, por sua vez, as ideias de verdade, de bem e de beleza estariam amarradas a uma ideia fundamental que é a ideia de Ser.

Saímos, então, do abajur flagrado pelos sentidos no canto da sala e chegamos à ideia de Ser à qual o abajur sensivelmente percebido está amarrado de alguma forma.

Ora, essa pirâmide, que sai do particular, do plural, do finito, do transitório, do sensível, e chega ao uno, ao imutável, ao inteligível, indica um percurso intelectual. Indica também que, no final das contas, a ideia de Ser está presente nas ideias de verdade, de beleza e de bem.

A ideia de verdade está presente na ideia das coisas perfeitas, das formas perfeitas. A ideia de beleza está presente na ideia dos corpos perfeitos. E a ideia de bem está presente na ideia das condutas perfeitas.

Assim, na hora de atribuir valor às coisas vistas no mundo, temos uma grade bem amarrada, numa hierarquia piramidal. De tal maneira que o valor de qualquer coisa depende de um juízo, de uma investigação intelectual que podemos realizar. Está ao nosso alcance.

E, realizando essa operação com correção, todos devemos chegar ao mesmo valor. Não importa o que estejamos avaliando. Se a beleza de um homem, a justiça da conduta de um magistrado, o sabor da iguaria preparada pelo melhor amigo. Porque todas as ideias, de justiça, de beleza, e outras, assim como a ideia de Ser, são universais. Aplicam-se a qualquer um no tempo e no espaço, na história e na geografia.

Portanto, todos os que pensarem bem chegarão ao mesmo resultado. A um valor idêntico para todas as coisas do mundo. O verdadeiro valor. Um valor exato, indiscutível. Um valor que sempre se impôs e se imporá doravante a todos nós.

* * *

[JÚLIO] É importante observar, Clóvis, que valores supremos como Deus e o bem são apresentados por Platão como essências. Deus, por exemplo, existe independentemente dos homens. E, da mesma maneira, o bem. Este, portanto, não é tratado por Platão como uma atitude ou um atributo; ele é algo que existe como uma substância cujo lugar é o mundo além do mundo sensível. Mundo metafísico.

Então, podemos falar de duas fontes de valor ou de dois grandes gabaritos representados por essas substâncias ideais. Uma delas é a própria substância que existiria lá, no outro mundo, afastado do homem. A outra são as ideias de Deus e do bem contidas na alma de cada um de nós e esquecidas pela presença do corpo desejante.

Para que a lembrança do bem prevalecesse e o homem tomasse atitudes virtuosas, seria preciso que fossem deixados de lado as paixões, os desejos e os sentimentos. Portanto, a imagem que se tem a partir dessa concepção idealista de Platão é a de um homem em luta consigo mesmo.

Como exemplo, pensemos em alguém inspirado no bem supremo, de onde se poderia desdobrar um valor como saúde ou cuidado de si. Ele está plena e racionalmente convicto de que se encontra acima do peso e, portanto, de que necessita fazer dieta.

Mas também há algo nele que ao ver um pudim diz: "Nossa! Que pudim gostoso. Quero-o muito!". Esse homem será valoroso, alguém que agirá bem, se o seu lado racional que lhe diz para não sabotar a dieta conseguir vencer esse desejo mórbido, terrível e amoral de fartar-se em demasia de pudim e de outros quitutes saborosos. Por outro lado, no caso de alguém que deteste pudim, resistir a um nada teria de virtuoso. Só haveria atitude moral no conflito entre o corpo e a alma.

Ora, se nossas almas se lembrassem plenamente da experiência que tiveram lá no mundo metafísico acerca do bem, da verdade e da justiça, nunca errariam nas atitudes e nas avaliações do que seria agir em conformidade com a verdadeira essência das coisas. Jamais erraríamos no que diz respeito ao valor de uma atitude, se ela está em conformidade ou não com o bem. Jamais erraríamos também nos nossos juízos estéticos. Se de fato não nos entendemos, se divergimos tanto com relação à verdade, ao bem ou à beleza, seria porque nosso espírito falha na reminiscência dos verdadeiros valores.

Aristóteles, aluno de Platão, afirmava haver uma espécie de pista que nos permitiria melhor nos posicionarmos frente aos valores. Se a verdade, o bem e o belo estão interligados num esquema hierárquico, então essa ligação permitiria que se deduzisse um desses valores a partir do outro.

Percebendo a beleza de algo, esta poderia ser uma pista de que aquela coisa bela é também boa. Percebendo algo como bom, isso poderia ser uma pista para saber que é também verdadeiro.

Voltando às galinhas, imaginemos que precisássemos avaliá-las, procurar saber qual delas estaria em maior conformidade com a galinha ideal, qual delas seria a rainha do galinheiro. Você talvez perguntasse: "Mas se não me lembro da galinha ideal, como julgar bem?". Você poderia apelar para qualquer um dos três atributos. Poderia apenas com base na beleza inferir que a galinha mais bela fosse também a mais verdadeira, ou seja, a mais parecida com a galinha ideal.

Ao homem que mantém a capacidade de bem harmonizar a sua percepção estética do belo, o seu julgamento moral com relação ao bem e a sua capacidade cognitiva de perceber a verdade, Aristóteles chamou de *justo*.

Para entender a correlação que ele faz com justiça, é preciso saber que justiça para ele não é retribuição a um bem ou um mal praticado. Justiça tem mais o sentido de ajustamento. Justa é a coisa bem-ajustada, a que aqui, no mundo material, estaria bem próxima do seu ideal. Nesse sentido, quanto mais uma coisa fosse bela, boa e verdadeira, mais em conformidade com o ser e, portanto, mais justa ou ajustada ao mundo também seria.

Este é um discurso de filósofos, mas correspondia a boa parte do senso comum grego, àquilo que não só os pensadores de primeira linha chancelavam, mas que o homem grego comum acreditava ser verdade e que aparece em vários textos antigos em frases como: "Tudo que é belo, bom e verdadeiro é também justo".

[CLÓVIS] Ora, caro Júlio, quando o valor é atribuído a partir de uma referência que se impõe a todos, que se pretende universal, antes de mais nada isso quer dizer que esse valor não depende de nenhuma outra variável. Não está condicionado por nada.

Não importa a pessoa que esteja atribuindo valor, seus afetos, sua cultura, o lugar e a época em que foi socializado. Tampouco importam as experiências vividas. Aquelas que continuam em plena memória e as esquecidas em algum porão da inconsciência.

Sobretudo, nesse tipo de atribuição de valor, não contam os interesses, os desejos, as pretensões, os apetites e as ambições de quem avalia. Nada interfere.

A título de exemplo: um homem encontra uma mulher e julga a sua beleza. Esse juízo resultará de uma operação intelectual que implica o conhecimento da ideia de um corpo feminino belo. Essa ideia, por sua vez, está contaminada por outra que é a ideia de belo simplesmente, o belo desencarnado.

Ora, seguindo essa forma de pensar, esse juízo que permite atribuir valor de beleza independeria de qualquer eventual afeto do julgador ante a mulher avaliada. Juízo imune, portanto, face a toda tristeza ou alegria, atração ou repulsa, desejo ou indiferença, desencadeada pelo corpo observado.

Assim, essa mulher por juízo seria bela mesmo que desagradasse, produzisse asco ou repulsa.

Você, leitor, já terá considerado alguém muito belo, mas que, por alguma razão, não faz a sua cabeça. E alguém já terá afirmado que pessoas perfeitas demais acabam afastando as outras.

O que vale para a beleza vale também para a moral. A justiça de uma conduta decorre da maior ou menor distância da ideia de Justiça. Critério igual para todos e ao alcance de qualquer um. Nada impede que você julgue como boa ou justa uma conduta que lhe cause repugnância ou aversão. Ou que desatenda suas pretensões mais íntimas.

Você pode achar um saco ter que sair da piscina para fazer xixi, mesmo tendo a certeza de que urinar na água é conduta condenável. Em exemplo de maior gravidade, sabe que é justa a privação de liberdade como punição para certos crimes e, ao mesmo tempo, não suporta uma visita rápida à penitenciária.

E você teria que julgar como verdadeira uma assertiva com a qual a sua perspectiva de percepção do mundo não se alinha. Quando o tricolor está jogando o fino, desfilando em campo em harmonia e eficácia, como em tempos de Telê Santana ou Muricy Ramalho, haverá desagrado para esmeraldinos e alvinegros. Ainda que, na intimidade de suas torcidas, o reconhecimento da superioridade do adversário seja inevitável.

Veja que fantástico. Essa forma objetivadora de uso da razão, que autorizaria uma atribuição de valor de índole universal, nos impõe uma grade em relação à qual temos apenas que nos curvar.

* * *

[JÚLIO] Isso que o colega disse ilumina um lado curioso. O fato de o bom julgamento significar o constrangimento das nossas sensações a ponto de considerarmos bela até mesmo aquela mulher que nos desagrada, apesar de ser algo de uma cultura antiga, é ainda muito presente na cultura contemporânea. A ponto de ser capaz de gerar até mesmo uma espécie de estética do bom julgador.

Imagine um juiz imparcial, honesto e justo. A imagem estética que dele se faz geralmente é a de alguém que não demonstra afetos. Um juiz muito afetuoso, que abraçasse as partes na entrada da sala de audiências e que contasse piadas obscenas pouco antes ou durante uma sessão de julgamento, seria considerado pelas pessoas como um juiz de capacidade de julgamento bastante duvidosa.

Da mesma forma, aquele juiz que se mostrasse enfurecido, irascível, emocionalmente descompensado, seria também considerado indigno de confiança como julgador. A imagem estética do bom julgador, ao contrário, requer alguém de movimentos pausados, fala articulada e ponderada. A ponderação, aliás, é uma espécie de elogio comum aos magistrados.

E o que vale para o juiz também vale para o empresário, só que, em vez de ponderação, muitas vezes se usa a expressão *frieza*. Veja a frieza dele! Veja como não se permite abalar diante das circunstâncias! Aquele que se abala diante das circunstâncias julga abaladamente, ao passo que aquele que não se abala não julga subjugado por seus afetos. Só poderia julgar com aquela razão que reconhece os valores. Ele apenas aceitaria como boa uma relação que fosse de fato boa em essência. Não agiria de forma caprichosa. Apenas de maneira boa, eficiente e administrativamente correta.

PARTE I — INTERVENÇÃO V

[CLÓVIS] Imaginemos que essa grade de ideias progressivamente abstratas, que parte das coisas particulares e passa pelas ideias de bem, de verdade e de beleza, até finalmente chegar à ideia de ser, seja mesmo o procedimento adequado da razão para atribuição de valor às coisas do mundo.

Nesse caso, observando a vida como ela é, reparando como as pessoas vivem no cotidiano, podemos propor algumas inferências.

A primeira delas tem a ver com o começo da vida. Nessa fase, denominada infância, nossa capacidade de abstração é nula, ou muito rudimentar. Nesses primeiros anos, indivíduos com discernimento tido como normal não estariam, nem remotamente, em condições de realizar o percurso intelectual indicado por Platão para atribuir valor.

Por isso, de certa maneira, esse período infantil da vida, tão aplaudido nos dias de hoje, teria que ser, para o filósofo, uma fase marcada por escolhas tortas. Época de valores equivocados. Quando conta, quase que exclusivamente, o particular das emoções, dos desejos e dos prazeres.

Dessa forma, o homem só conseguiria começar a atribuir valor corretamente às coisas do mundo e, portanto, a fazer escolhas existenciais adequadas a partir de uma formação intelectual bem razoável. O que condenaria boa parte da vida de todos nós a uma ignorância temerária.

Não por acaso, os pensadores gregos consideravam a criança um ser ainda imperfeito. Poderíamos compará-la a um bolo que ainda não terminou de cozinhar. A criança, nesse sentido, seria um vivente inferior, de segunda classe, com sua pobre competência intelectiva na busca da ideia de ser.

Uma segunda inferência é social. O indivíduo, para conseguir se elevar, levantar-se da estrita particularidade em que está imerso no seu cotidiano, precisaria de uma formação filosófica de envergadura, voltada para o suprassensível, que lhe possibilitasse essa abstração progressiva.

Ora, essa formação é rara. Tanto no mundo aristocrata dos gregos quanto no nosso, onde lutamos para sobreviver e vivemos, quase sempre, do jeito que dá.

Nesse nosso mundo, o domínio de saberes técnicos se faz premente. E o investimento em questões metafísicas é raro. Um hobby para poucos. Paralelo e alternativo ao mais indispensável para viver. Quando o básico já foi assegurado.

Assim, mesmo aqueles indivíduos que atingem altos níveis de escolaridade passam — na sua imensa maioria — longe desse tipo de investigação. Que o comprovem os currículos das grandes e prestigiosas escolas de negócio espalhadas pelo mundo, com seus diplomas cobiçados e seus MBAs ultracentrados na identificação dos meios mais eficazes para a concentração do capital.

Portanto, de certa maneira, poderíamos acreditar que, por questões de trajetória, de aprendizado, de convivência, boa parte das crianças do nosso mundo permanece num estágio intelectualmente infantil. Mesmo depois que crescem e se graduam. Logo, seriam bolos que nunca chegam ao seu estágio de pleno cozimento. Permanecem crus até a velhice.

Uma terceira inferência muito cara ao pensamento grego é justamente a de que essa busca, essa investigação, esse aprendizado exige certas competências inatas. Isto é, que já nascem com o indivíduo. No entendimento de Platão, as almas não são todas igualmente competentes. Lembrando sempre que é a alma a responsável por esse tipo de busca.

O indivíduo que, por alguma razão, nasce com um corpo associado a uma alma de quinta, muito afeita a experiências sensoriais ou a satisfação de prazeres inferiores, por mais que venha a ter oportunidades de formação filosófica, não terá interesse. Se for forçado, não alcançará grandes resultados. Não desenvolverá uma competência intelectiva. Necessária para a elevação na hierarquia do mundo ideal.

Essas três inferências nos permitem concluir que, para Platão, o exercício de atribuir corretamente valor às coisas do mundo não seria para qualquer um. Só uma pequena parte da população conseguiria se aproximar desse tipo de competência: os filósofos.

* * *

[JÚLIO] Tem toda razão, Clóvis. Alguns textos apontam que entre os gregos aquilo que marcava o fim da infância não era a idade mágica de 18 ou 21 anos. Inicialmente, a marca do fim da infância era uma característica física: o nascimento do buço. Isso indicaria que aquele jovem já se encontrava no momento em que seria capaz de controlar a si mesmo e de tornar-se pela imposição da razão sobre os seus sentimentos um homem moral e adulto.

Capaz, portanto, de exercer de alguma maneira uma espécie de autonomia, do grego *autonomos*. *Nomos* é norma, lei; *auto*, referência a si mesmo. Logo, autonomia é ser capaz de impor uma norma a si mesmo. O contrário disso é a heteronomia. *Hetero* é o diferente, o estranho, o outro. Na heteronomia, seguimos a lei de outro.

Por vezes, o outro que nos governa são nossas paixões, afetos descontrolados.

A criança seria imperfeita, incompleta, porque guiada muito mais por seus desejos, paixões, afetações do instante e pelo descontrole do que por uma escolha que lhe permitisse levar uma vida constante, como os adultos que são capazes de escolher uma profissão e nela investir o resto de suas vidas, mesmo não gostando plenamente do ofício.

Como consequência dessa escolha, acabam muitas vezes adquirindo a cara desse profissional que tentam ser. Construindo uma espécie de máscara, assumem trejeitos, desenvolvem modos específicos de falar. Tem-se de alguém assim a impressão de que se tornou outra pessoa. Tornou-se outro, mas o fez por escolha. E mantém-se assim também por livre deliberação. Poderia escolher outra vida, mas não. Prefere manter-se constantemente alinhado com determinado modo socialmente chancelado de existência.

Há um diálogo de Platão em que Sócrates discute com o jovem Alcebíades, que naquele momento de sua vida exibe buço. Foi criado para ser grande político, um líder. Mas, agora que percebe a vida adulta chegando, não se sente realmente preparado para exercer essa liderança. É quando Sócrates o aborda.

De início, o que o diálogo evidencia são algumas "certezas" de Alcebíades, resultantes dos incentivos dados ao jovem que, de tanto ouvir "você pode", "você chegará lá", "você é predestinado", passa a crer nesse vaticínio.

Apesar disso, ele nutre a dúvida. "Será que estou mesmo preparado tal qual as pessoas dizem que estou?"

O diálogo todo se desenvolve com Sócrates alertando seu interlocutor para a única pergunta que seria de fato importante: " Você é capaz de conhecer a si mesmo?". Porque só quem conhece bem a si mesmo seria capaz de governar a si mesmo. E só aquele que é capaz de governar a si mesmo seria digno de governar outras pessoas. Conhecer e controlar a si mesmo é a característica moral do homem adulto. É justamente o que falta à criança. No entanto, mesmo entre os adultos há aqueles que não se conhecem e se controlam tão bem quanto outros.

Platão era um elitista. Acreditava que cada um de nós já teria nascido com uma espécie de organização própria e imutável entre os lados passional e racional. Nesse sentido, alguns homens nasceram mais preparados por natureza, mais capazes de fazer impor sua razão sobre os seus desejos e, portanto, mais capazes de viver uma vida de constância.

Outros, ao contrário, teriam nascido mais organizados em torno dos próprios apetites, submissos à impetuosidade. Para estes, educação nenhuma funcionaria. Já para aqueles nascidos preparados para que a razão domine as paixões e ponha a constância num nível superior ao dos outros, a educação poderia levá-los a conhecer a si mesmos, o mundo que os cerca e a tomar posições valorosas. Saber agir em conformidade com a verdade das coisas seria coisa para poucos.

[CLÓVIS] O amigo há de partilhar da mesma curiosidade. De onde Platão tirou a ideia de que existem certas almas melhores do que outras? Sempre lembrando que para ele a função mais nobre da alma é pensar.

As almas são imateriais. Sei que imaginar alguma coisa imaterial deve ser para você, querido leitor, um pouco complicado. Pode acreditar, para mim também é. Mas pelo menos leve em consideração o conceito. A alma é imaterial. Ou seja, não é constituída nem de células nem de átomos. Nenhum material orgânico. Nada. Diferentemente do corpo, como você bem sabe.

Outra característica da alma é que ela é eterna, atemporal. Sempre existiu e sempre existirá. Veja que interessante. Aquilo que pensa em você sempre existiu. É isso que Platão está dizendo. Obviamente você, que está lendo este livro, não existiu desde sempre. Só uma parte. A que pensa. A alma.

Quanto ao resto, bem, esse só foi surgindo na barriga da sua mãe. E muito provavelmente nasceu lá na maternidade. Com dia e hora registrados.

Então, existe um acontecimento muito importante na história do universo. Uma alma eterna se junta a um corpo finito que acaba de surgir. A isso nós poderíamos chamar de *nascimento*. O começo da vida. No caso, o seu.

E, é claro, essa alma que sempre existiu persiste durante toda a vida. E continuará existindo. Na morte, o corpo se deteriora. De vez. E a alma dele se separa. Dele se liberta. Só então, poderá finalmente retomar sua condição inicial.

A pergunta "para onde ela vai?" teria interesse se a alma fosse material. Porque matéria necessita de um depósito, de uma garagem, de um estacionamento. Sendo a alma imaterial, especular sobre seu destino físico não tem o menor sentido. Mas, enfim, é normal que haja esse tipo de curiosidade.

Para Platão, antes do nascimento, a alma estaria em grande proximidade com as ideias. Este mundo seria o seu hábitat. No paraíso das ideias ela residiria, sendo delas familiar, íntima. Mas isso tudo antes do nascimento.

Com o advento deste último tudo muda. A alma sofre uma queda. A metáfora é religiosa, mas é filosófica também. Faz pensar numa grande ruptura. Num distanciamento. Abrupto. Para ser aprisionada pelos nossos corpos, a alma é violentamente arrancada de seu hábitat. A nova condição é de deslocamento. De um fora de lugar. Não houve ganho, portanto, mas perda. Que deve se arrastar pelo tempo que a vida durar.

É por isso que ao longo da vida a alma buscará recuperar uma familiaridade que era a sua, anterior ao nascimento. Tende, portanto, a procurar pelas ideias. E a se sentir bem ao reencontrá-las. Um resgate da condição de origem.

Claro que a presença permanente do corpo impedirá o resgate do mesmo nível de intimidade com as ideias do estado anterior, desencarnado.

Algumas almas terão mais facilidade do que outras para retomar essa familiaridade com as ideias. Vencem mais tranquilamente os obstáculos que o corpo interpõe ao contato fluido com o mundo ideal. Essas almas são, portanto, superiores às outras. Mais atrapalhadas pelos apetites da carne. Sempre segundo Platão, claro.

Imagine que você bata a cabeça e, após o choque, passe por um momento de amnésia, fique momentaneamente desmemoriado. Os médicos dizem que a recuperação da memória pode ser rápida ou lenta. Pois poderíamos estabelecer essa comparação. O nascimento representa um golpe para a alma. E na hora de recuperar a intimidade com as ideias algumas almas o fazem com maior destreza.

Platão estabelece assim uma hierarquia das almas. Algumas, superiores, se deixaram abalar menos pelo nascimento. Outras, inferiores, parecem menos capazes de se recuperar do tombo. Pode-se supor que, na morte do corpo, essas almas superiores já estarão bem mais perto do mundo que é o seu do que as outras, mais apegadas ao corpo que desapareceu.

Como estamos falando de valor, a pergunta é: qual o valor da alma? Questionar o valor da alma é questionar o valor da sua atividade mais nobre, que é o pensamento. E a resposta é: uma alma valerá tanto mais quanto mais rapidamente conseguir resgatar a familiaridade com as ideias, *status quo* anterior ao nascimento.

Se, para Platão, a atividade essencial de qualquer ser humano é o pensamento, estando este ao encargo da alma não há como não concluir que pessoas dotadas de almas superiores, mais próximas do seu mundo, acabam sendo superiores a todas as outras cujas almas não estão muito a fim de pensar.

Você se lembrará das rixas de escola. Afirmávamos com convicção: "Eu sou melhor do que você!". Na idade adulta aprendemos a continuar achando isso, mas não mais dizer. Pelo menos não sempre. Tornamo-nos hipócritas.

Para os gregos, afirmações assim não indicavam nenhuma infantilidade. Tampouco, sinal de empáfia ou arrogância. Pelo contrário. Davam conta de uma constatação muitas vezes irrefutável.

Até Sócrates — o mais sábio de todos —, que tinha tudo para ser humilde, acabou concordando que era mesmo o mais sábio. Por saber uma única coisa: que não sabia nada. Enquanto os outros, nem isso.

* * *

[JÚLIO] É por esse mesmo elitismo, Clóvis, que Platão abominava a democracia. Pode parecer curioso, porque quando falamos de democracia é comum que se tome como exemplo ideal a democracia dos gregos antigos. Platão é cidadão ateniense, pertencente a uma cidade democrática e, no entanto, considera esse sistema péssimo. O pior dentre todos os regimes. Justamente por causa de seu elitismo.

Se as almas não têm o mesmo valor, ou seja, se elas não têm igual medida de lembrança dos verdadeiros valores das coisas, então nem todos são capazes de atribuir bons valores às coisas, de conhecer bem a si mesmos e de controlar a si mesmos. Por esse motivo, nem todos saberão viver bem. Alguns viverão a vida de acordo com os verdadeiros valores, outros, não.

Se nem todos sabem viver bem, se nem todas as almas têm o mesmo valor, faltaria um requisito essencial para a democracia: a igualdade. Uma gestão democrática da cidade, que garante a qualquer um o direito de voto e voz numa assembleia, tem como pressuposto a ideia de que qualquer um que participe seja digno de voto e voz. Agora, se você é como Platão e entende que as pessoas são desiguais a tal ponto que umas sabem valorar e, portanto, viver bem a vida, enquanto outras vivem mal, concordaria que uns usariam bem voto e voz em assembleia, enquanto outros apenas votariam mal e falariam besteiras. Com essa desigualdade, que sentido faria a democracia? Por que não permitir apenas que os mais capazes governassem e retirassem de cena os idiotas que não sabem o que dizem e fazem?

É por isso que Platão propõe como gestão ideal da cidade o governo exercido pelo filósofo, justamente esse homem cuja alma se lembra com mais perfeição dos verdadeiros valores. Se ele fosse o legislador, as leis seriam normas que, respeitadas, tornariam a vida de todos melhor.

Numa democracia, em que as leis são criadas a partir do voto de uma maioria incapaz de governar a si mesma, de conhecer a verdade ou de bem diferenciar coisas boas das más, o problema é estrutural.

Quem possui requisitos das boas virtudes como a sabedoria e a temperança é a minoria. A maioria não os possui. Assim, o resultado de uma deliberação democrática seria o resultado da deliberação da maioria incapaz de pensar bem e, portanto, de viver bem. Para Platão, uma cidade em que as leis são criadas por uma maioria idiota será uma cidade com leis idiotas, de vida idiota. Vida muito distante dos verdadeiros valores.

PARTE I — INTERVENÇÃO VII

[CLÓVIS] Pelos últimos cinco séculos, temos acreditado que o universo é infinito. Você, Júlio, e o leitor certamente se lembram dos tempos da escola, quando o professor informou que o universo não tem fim. Eu, de minha parte, naquela época constatava a imensa dificuldade para imaginar algo assim. Sem limites nem fronteiras.

Mais tarde, estudando filosofia, alguns pensadores me tranquilizaram. Eles garantem que não dá mesmo para imaginar o infinito. São os limites da imaginação.

Alguns colegas de estudo, bons pensadores também, garantiam que com uma ou outra pastilha talvez não chegássemos ao tal infinito, mas conseguiríamos ir bem mais longe. Medroso, sempre preferi me conformar com as limitações imaginativas.

"O universo é infinito", para mim, são quatro palavras. E pouco mais.

Os gregos por sua vez ainda acreditavam que o universo fosse finito. Confesso que a dificuldade permanece. Imagine que você entra em algum lugar grande. Um parque, por exemplo. O universo seria como esse parque. Finito. Com suas fronteiras. O dentro e o fora.

Então, eis a primeira pergunta. Dessas de criança que começa a filosofar: se o universo, que é tudo, ou, se você preferir, que é o todo, é finito, então o que é que fica do lado de fora?

Eu obviamente não sei. Digo com gosto que não tenho a menor ideia. Poderia dar uma satisfação e usar a palavra "nada". Mas se tivesse que especular sobre o seu significado sem ficar nas mesmices do senso comum estaria em maus lençóis.

Felizmente, neste livro, temos outras preocupações. E elas estão todas do lado de dentro. Deixemos o lado de fora para pensadores de maior envergadura.

Esse universo finito dos gregos seria constituído por um monte de coisas. São as suas partes. Partes que constituem o todo. Assim, podemos pensar nas estrelas, nos planetas, nos astros em geral. Podemos pensar também no nosso planeta, nos oceanos, nos ventos, na vegetação, nos animais e em nós mesmos. Partes desse grande todo chamado universo.

Essas suas partes constitutivas não estão onde estão por acaso. Elas estão no melhor lugar para cumprir o seu papel, a sua finalidade. Nesse momento você pergunta: mas por que as coisas têm uma finalidade?

Porque cumprindo a sua finalidade elas permitem que o universo como um todo funcione bem. Sim, o universo teria um funcionamento. Ele seria incrivelmente organizado e ordenado para funcionar bem.

Você se dá conta do quanto isso é desafiador para a nossa imaginação. O universo como um todo, que os gregos chamavam de cosmos, teria um funcionamento. Como se fosse uma máquina. E, como toda máquina, ele também teria uma finalidade. A sua, específica.

Na máquina do universo, aliás, como em qualquer outra máquina, todos os pedaços, ou partes que a integram, têm uma finalidade parcial. Ao cumpri-la perfeitamente, permitem que a máquina como um todo funcione também perfeitamente.

Então, vamos imaginar um moedor de cana. Uma máquina supersimples. Sua finalidade é transformar a cana em bagaço e este em suco. As partes constitutivas desse moedor devem permitir que ele cumpra a sua finalidade. Moer a cana. As engrenagens dentadas, a manivela, o coletor do suco, o recipiente do bagaço. Tudo a postos.

Pense agora no universo. Ele também tem uma finalidade. E suas partes constitutivas devem permitir que ele a cumpra.

Tomemos outro exemplo: um carro de Fórmula 1. Trata-se de uma máquina muito mais sofisticada do que o moedor. Cuja finalidade é deslocar-se com a maior velocidade possível nas condições de dirigibilidade de um circuito próprio à modalidade.

Nesse sentido, cada pedaço do carro, as partes que constituem o motor, a suspensão, a lataria externa, tudo deve ser disposto de tal maneira a permitir que o carro cumpra o mais eficazmente a sua finalidade. Cada pedacinho do carro tem um propósito que, junto com os demais, faz o carro avançar.

Aqui poderíamos nos perguntar sobre o valor das peças de um carro de Fórmula 1. Qual o valor do seu amortecedor, por exemplo? A resposta é dada pela finalidade da peça. Um amortecedor bom é aquele que amortece da melhor maneira possível.

A segunda pergunta é: mas como vou saber como o amortecedor amortece da melhor maneira possível? Ora, a resposta está no funcionamento geral da máquina. Isto é, no quanto aquela peça, parte integrante do carro, o faz se deslocar com a rapidez desejada.

Assim, as finalidades das partes estão imbricadas na finalidade do todo, e o valor de cada parte depende da possibilidade de essa parte permitir ao todo funcionar da melhor maneira possível.

Feita essa analogia, é possível agora pensar no universo tal qual uma máquina. Aí, descobrimos que todos nós somos os amortecedores do carro de Fórmula 1 universal. Ou dentes de um moedor de cana. Somos os pedaços ou as partes de uma máquina infinitamente maior que cada um de nós.

Mas não estamos sozinhos nessa. Quando o vento venta, ele também cumpre o seu papel, que é o de refrescar a máquina. Quando a maré mareia, fertiliza a máquina. Da mesma forma o sapo sapeia, a girafa girafeia etc. E todos devem, ao fazê-lo, facilitar a vida da máquina. Fazê-la funcionar.

Poderíamos nos perguntar sobre o valor do vento, da maré, do sapo ou da girafa. Ora. O vento vale na medida em que refresca a máquina. Em função do quão perfeitamente cumpre o seu papel. Um vento que porventura não refresque é uma aberração universal. Um erro. Um não vento. E tudo isso também vale para a maré, para o sapo etc.

Mas para você, leitor, esse comentário parece forçado. Afinal, o vento ventará. Sempre. E ao fazê-lo refrescará. Sem falar de outras finalidades possíveis, como a polinização. Seu valor, portanto, parece óbvio. O vento já está aí, ventando. Não faz outra coisa.

Sendo assim, quando é que a reflexão sobre o valor se torna menos óbvia e, portanto, mais pertinente e necessária? No caso de a participação no universo poder ser diferente da que é. Quando não é necessariamente do jeito que é. Se o vento venta necessariamente daquele jeito, tanto quanto a chuva, a maré, a avalanche, o tsunami e todos os outros movimentos da natureza, há no universo quem possa integrá-lo de infinitas formas diferentes. Que escolhe, delibera, decide, claudica, se arrepende, lamenta, tenta de novo e erra enquanto vive. Claro. O homem.

O homem está, mas pode não estar; faz, mas pode não fazer; canta, mas pode não cantar; desenha, mas pode não desenhar; fornica, mas pode não fornicar.

Assim também com a sua produção, sua criação, sua arte, sua iniciativa. Que poderiam ser outras a cada instante. Portanto, a reflexão sobre o valor se torna pertinente quando o avaliado é o homem, com tudo de contingente que constitui sua vida. Que sempre pode ser diferente do que é.

* * *

[JÚLIO] O tema abordado pelo colega me transportou aos textos de Platão — em geral, muito fáceis de serem lidos. São diálogos, e em muitos deles tem-se a clara impressão de que o interlocutor de Sócrates era bem limitado. Isso porque Sócrates pega o interlocutor pela mão e o leva, ponto a ponto, assunto a assunto, até determinada conclusão, ainda que esta seja a incerteza sobre o ponto de partida da conversa.

No geral, os textos são muito palatáveis. A exceção é o diálogo Timeu, em que Platão demonstra a ideia de universo cósmico. Trata-se de um diálogo bastante estranho. Nos demais, Sócrates é o protagonista. Nesse, não. Sobra-lhe o papel de coadjuvante. Ele se cala. Não contribui com quase nada de relevante para o diálogo. O protagonista é Timeu, que dá nome à obra.

É Timeu quem descreve em termos matemáticos uma espécie de princípio geométrico da ordem do universo finito. Na verdade, é um texto tão difícil que me lembra os enunciados das provas de geometria do ensino médio. Aqueles enunciados que, em vez de apresentarem o desenho, o descreviam somente. Imagine um círculo de raio x, com uma reta secante que tangencia um triângulo no quinto terço do raio oposto ao ângulo reto de um triângulo inscrito... Era terrível! Levava-se mais tempo desenhando a figura do que propriamente calculando um ângulo perdido qualquer.

Esse tema, a geometria, era o que Platão considerava o saber mais profundo de sua filosofia, sobre o qual, curiosamente, ele escreveu pouco. Só Timeu é uma espécie de demonstração desse conhecimento profundo. Aos poucos iniciados que esse Platão elitista havia escolhido para receber seus ensinamentos mais rebuscados, o que ele ensinava era a geometria.

Sendo o universo uma grande ordem, uma grande máquina cuja finalidade era ser o mundo que é, então seria possível um conhecimento geométrico dessa realidade, conhecimento que permitisse uma precisão matemática de julgamentos, de comportamentos e, claro, de valores.

Poderia haver uma grande aritmética dos valores que garantisse, por exemplo, que um grande computador fosse programado para acertar nos julgamentos morais com precisão absoluta. No entanto, até onde sabemos, a geometria é muito útil para o cálculo das coisas materiais, das figuras, de ângulos perdidos em meio a figuras complexas. Porém, é inútil para garantir a certeza de agir moralmente bem.

Vale observar que, por um lado, parece muito bom que Platão não tenha razão com relação à finitude do universo cósmico. Imagine se fosse possível um cálculo milimétrico de todos os valores que orientassem nosso comportamento, de maneira que conseguíssemos uma precisão matemática em toda e qualquer circunstância da nossa existência sobre como agir em conformidade com o bem, o belo e a verdade.

Imagine que pudesse ser programado um computador, por exemplo, para gerenciar todas as forças militares dos Estados Unidos; ou um computador que soubesse de forma verdadeira, boa e bela qual seria o momento de apertar o botão que colocaria em ação todo o arsenal nuclear.

Ou, então, imagine uma empresa. Ela não precisaria de conselho deliberativo ou CEO. Nenhuma dessas siglas em inglês que determinam aquele que manda na empresa. Haveria um computador que determinaria passo a passo, de forma muito bem calculada, todas as estratégias da empresa para que ela agisse sempre de forma boa, bela e justa, sempre alcançando as suas finalidades conforme a programação. Algo que não erraria jamais em suas escolhas.

Imagine que, uma vez conhecido o cálculo, não apenas uma empresa tivesse um computador fantástico desses, mas todas, sem exceção. E que, assim, nenhuma delas jamais errasse nas suas ações de mercado. Se isso acontecesse, a questão é: seria possível uma vida econômica em que todos lucrassem indistintamente, sem que ninguém perdesse, sem aquisições de mercado, sem barbeiragens estúpidas de gestores que geram desemprego, produtos torpes e assim por diante?

Repare que esse mundo, ainda que fosse possível, talvez não fosse muito agradável de ser habitado. Talvez seja melhor mesmo viver num mundo que não seja um cosmos harmônico, com tudo funcionando de maneira bem certinha, e sim um cosmos difícil de ser calculado, que não cabe numa equação, mas que em compensação é cheio desses erros, surpresas e maravilhas típicos da vida humana. Típicos de gente que não sabe muito bem o que fazer em vários momentos da vida, que não sabe muito bem que valor atribuir às coisas. Gente que hesita sobre a verdade, a beleza e o bem.

[CLÓVIS] Retomemos a analogia do carro de Fórmula 1. Cada uma de suas partes tem uma finalidade muito clara e fundamental para o funcionamento do todo. O engenheiro que projetou o veículo sabe exatamente para que serve cada um dos seus pedacinhos. E jamais colocaria ali algo que não fosse imprescindível para o cumprimento de sua finalidade, isto é, o deslocamento veloz da máquina. Qualquer peça ali sem finalidade aumentaria o peso e prejudicaria seu desempenho.

O mesmo acontece com qualquer outra máquina. Toda peça sem finalidade ou que não a cumpra aumenta seu custo.

Para os gregos, era isso que se dava com o universo. Tudo o que ele comportasse — tudo o que existia — tinha a sua função. O universo não se permitiria contar com alguma parte que não ajudasse as demais a alcançar a sua finalidade. Seus deuses engenheiros jamais cometeriam semelhante equívoco.

Tomemos esse universo, o tal cosmos, como referência. Com todas as suas partes tão atarefadas.

Se o valor de cada uma delas decorre do cumprimento de suas finalidades, do nível de excelência que alcançam, assegurando o pleno funcionamento do todo, inferimos, então, que tudo no universo tem valor. Porque tudo é parte, participa, e faz funcionar.

Em outras palavras, para o pensamento grego, nada no universo é indiferente. Tampouco insignificante. Porque a indiferença implicaria falta de valor. Ela seria descabida mesmo se uma de suas partes tivesse se tornado completamente impossibilitada de cumprir sua finalidade.

Nesse caso, estando no universo e cumprindo a sua função cósmica em nível zero, estaria perturbando o resto, atrapalhando as demais partes. E nada disso é indiferente. Tudo que, com sua inoperância, desarmoniza tem valor negativo. Bem diferente do famoso tanto faz.

* * *

[JÚLIO] Outro exemplo que podemos usar, além do carro de Fórmula 1, é o de uma empresa. Imagine que nela há pessoas competentes, como também aqueles que ninguém entende o que fazem ali. Em todo canto há funcionários muito úteis e outros que atrapalham. Por essa perspectiva, todos eles têm valor. Alguns profissionais têm um valor bom, e outros, um valor ruim. E esse valor dependerá da finalidade da empresa. O problema é que, muitas vezes, acontece numa empresa o que acontece na vida: não se sabe ao certo qual é sua finalidade. Qual é a finalidade da existência? Aquela finalidade última que justifica no fim das contas o valor atribuído a A ou a B em verificação da sua utilidade com relação ao todo. Útil para quê?

O mesmo raciocínio vale para a natureza. Por que o plástico lançado na praia, em local inadequado, é considerado poluição e, portanto, tem valor negativo? Qual é a finalidade do plástico na natureza? Vamos supor que se descubra no futuro que existe uma finalidade para o plástico, que ele contribui para o surgimento de algo bom na natureza por meio de uma reação ainda desconhecida, mas que, uma vez compreendida, demonstrará que ele aumenta a quantidade de certos animais, por exemplo, ou então a fertilidade no interior de determinado ecossistema. Enfim, o fato é que, nessa hipótese, o valor do plástico mudaria.

São essas incertezas e imprecisões que diferenciam os que sabem atribuir valor dos que não sabem. Os primeiros conhecem, entre outras coisas, esse todo que é a natureza, a empresa, o universo. Condição primeira da boa valoração. Por isso, o bom entendedor dos valores não é necessariamente alguém que conheça o conceito de todos os valores, mas aquele que, sobretudo, conheça o todo a partir do qual determinado objeto possa ser valorado. Que saiba os porquês do todo.

Imagine alguém pensando sobre a sua própria vida. Olha para o lado e vê outra pessoa, com outro modo de vida, diferente do seu. Comenta: "Nossa, a vida dele é muito melhor do que a minha!". Valora a própria existência a partir da existência alheia. Poderia valorar a sua vida a partir do ideal de vida, mas troca o ideal (platônico) pela comparação com outra vida qualquer que não a sua. Tenta ser outro que não ele mesmo, viver outra vida que não aquela que, de fato, tem.

Falo da vida, mas vale para uma empresa. Steve Jobs morreu. Pipocaram biografias a seu respeito. Quantos donos de *startups* não pensaram: "Nossa, se eu fosse como ele minha empresa seria muito melhor. Se eu fosse como ele faria do meu negócio o que a Apple é". Essa pessoa passa a estudar como Jobs pensava e agia, como era seu processo criativo, seus hábitos, tudo numa tentativa de ser ele. Em pouco tempo, em seu guarda-roupas há apenas camisas pretas com gola rulê.

O problema é que cada um de nós neste universo, que pode ser pensado como um todo, é uma singularidade que compõe esse todo. Se o universo é composto de várias máquinas, então cada um de nós seria uma peça singular e única desse conjunto, peça sem reposição que cumpre uma função única. E dessa multiplicidade incontável de peças únicas um todo harmônico com finalidade precisa se constrói e funciona de alguma maneira.

Bisbilhotar o quintal do vizinho pode ser uma dica constante em livros de autoajuda empresarial, mas, do ponto de vista do pensamento antigo, me parece uma perda de tempo, pois nos levaria única e exclusivamente a atribuir valor ao outro, e não ao próprio sistema no qual se vive. Leitura enviesada da pior forma possível, daquela que pouco contribui para o bom julgamento da própria existência.

[CLÓVIS] Acontece, meu caro, que nos dias de hoje temos rankings e classificações para tudo. Eis uma herança do jeito grego de atribuir valor. Tudo é superior ou inferior a tudo.

Porque as coisas no universo, as suas partes, não se equivalem na hora de cumprir suas finalidades. São diferentemente competentes para alcançar os seus fins. Não dispõem da mesma quantidade e qualidade de recursos. Como o valor de cada uma delas depende dessa competência, supomos que, para os gregos, haja no universo uma escala hierárquica para tudo o que existe. Uma hierarquia natural dos seres.

Assim, imaginemos que do ponto de vista cósmico a finalidade de uma vaca seja dar leite. Portanto, haverá vacas superiores a outras. Porque elas não são igualmente competentes na sua atividade lactácea. Da mesma forma, se sapos existem para engolir moscas, haverá entre eles os superágeis e os mais lerdinhos.

Os exemplos se multiplicam ao infinito. A finalidade de um joelho é dobrar. Tal como a de um cotovelo. São autênticas dobradiças. Já um intestino lembra muito uma bomba. Peristáltica.

Ora, sabemos bem, por experiência própria ou de pessoas próximas, que há joelhos e cotovelos que dobram mal. Com grande dificuldade. Ou que nem dobram mais.

Não cumprindo, portanto, sua finalidade. Nesse caso, pensando como um grego, tratar-se-ia de um não joelho. O descumprimento de sua finalidade comprometeria o seu ser.

E o intestino, então! Se for preguiçoso ou hiperativo coloca seu hospedeiro em situações para lá de embaraçosas.

Mas a questão que fica agora é: pensando à moda grega, como poderíamos nos avaliar como pessoas, tomando o cosmos como referência?

Cada um de nós é dotado de certa quantidade de recursos naturais que nos são dados por uma herança natural. São uma dádiva da natureza, potencialidades.

Assim, no que me diz respeito, mesmo que eu dedicasse a vida ao desenho, não chegaria longe, pois a natureza me negou potencialidades de desenhista. Negou-me também potencialidades para o canto, para o domínio da bola com os pés e também com as mãos. Negou-me ainda potencialidades no âmbito das artes manuais. Esculturas em argila, pinturas, origamis, nem pensar.

E as negações não param por aí, acredite, caro leitor. Impressionante o número de atividades para as quais não tenho, por natureza, aptidão alguma. Nem mais ou menos. Nada de quebra-galho. Zero. Cego de pai e mãe. Ruim no último.

Por outro lado, desde que me conheço por gente, sempre tive, é o que diziam meus colegas, alguma competência para traduzir ideias complicadas em discursos simples. E disso me dei conta ainda antes de fazê-lo para os outros.

Nas minhas atividades escolares, na hora de estudar para as provas, eu conseguia, no contato com ideias complexas, traduzi-las de maneira bastante simples para o meu próprio entendimento.

E, certamente, essa habilidade de tradução de coisas complexas em formas simples de entendimento tem a ver com a minha pouca capacidade de alcançar ideias grandiosamente complexas.

Cada vez mais, meus colegas me pediam para lhes explicar a matéria da prova cinco minutos antes de ela começar. Era sempre a mesma coisa.

"Vamos, você será capaz de me dizer o que é o essencial em dois minutos." E curiosamente, muitas vezes, aqueles que por poucos minutos me ouviam, traduzindo um bimestre de explicações professorais incompreendidas, conseguiram resultados bem razoáveis em suas provas — se não excelentes.

Não foi difícil, portanto, perceber que a aproximação das ideias complicadas do professor ao repertório concreto dos meus colegas, bem parecido com o meu, era uma atividade para a qual a natureza tinha me reservado alguns recursos.

Ora, dirão os gregos, como tudo no universo, esses recursos de que dispomos, que hoje chamamos de talentos ou habilidades, não são inúteis. Porque nada no universo está sem função. Portanto, eis aí uma espécie de lição cósmica para as nossas vidas: aproveite os seus recursos naturais da forma mais excelente possível.

Os gregos chamam de virtude a capacidade, a disposição, de atualizar no cotidiano da vida as suas potencialidades naturais. E atualizar, aqui, quer dizer transformar em ato, em conduta, em comportamento, em realidade as potências, as possibilidades dos recursos naturais que nos foram legados na distribuição original realizada pela natureza. E cabe a você atualizar os recursos naturais na hora de viver, porque assim estará permitindo a eles a sua finalidade e, com isso, entrará em harmonia com o resto das partes do universo.

Dessa maneira, a nossa vida e o nosso comportamento serão tanto mais valiosos quanto mais virtuosos eles tiverem sido.

* * *

[JÚLIO] Por outro lado, há aqueles que descobrem suas virtudes, mas não as desenvolvem, seja por algum tipo de repressão social ou individual. Outros não reconhecem suas virtudes e, portanto, não se sentem incentivados ou mesmo inibidos em desenvolvê-las. Quem vive assim tem vida apequenada. E não falta gente no planeta para apequenar a existência reprimindo o desenvolvimento das virtudes.

Até porque o virtuoso, aquele que age no exercício das suas habilidades naturais, é alguém que tem destaque em determinada atividade. É muito comum que pessoas que se destacam em alguma atividade, ainda que boa, sofram algum tipo de repressão por parte daqueles que, ao contrário deles, não têm tal habilidade. Repressores que não se destacam, embora tenham a pretensão de ganhar algum relevo na vida.

Já que as escolhas de vida nem sempre obedecem às nossas habilidades para o desenvolvimento de determinada função, e sim são realizadas a partir daquilo que é socialmente mais valorizado, que nos parece possível, que assegura bom salário ou que imaginamos que vá ser particularmente alegrador para a nossa existência, muitas vezes nós nos lançamos num tipo de vida totalmente em desarmonia com as nossas habilidades.

É nessa vida em desarmonia que não nos destacamos. É vida desencaixada, mal ajustada na máquina cósmica. Pessoas de vida mal resolvida em virtudes acabrunhadas são os grandes entristecedores. Ainda mais daqueles outros que, por sua vez, vivem uma vida compatível com as próprias virtudes.

Há uma discussão não só em Platão, mas em outros tantos pensadores, sobre a hierarquia das virtudes. Qual delas seria a mais valiosa de todas? Hierarquizando as virtudes poder-se-ia apontar que tipo de cidadão seria mais desejável dentro da cidade. Assim, as listas de virtudes variam, mas acabam se concentrando de modo geral em umas poucas.

Para Platão, por exemplo, havia três virtudes fundamentais: a sabedoria, entendida por ele como a capacidade da boa lembrança do ser das coisas ou, se preferir, do verdadeiro valor das coisas — lembrança da alma que esteve no mundo das ideias e agora veio para o mundo sensível —; a coragem, virtude da disposição de espírito impetuoso, daquele que, mesmo tendo medo, não se detém em fazer aquilo que sabe ser o necessário ou correto; e a temperança, o arrefecimento dos desejos e dos afetos, a capacidade de controlá-los, de não permitir que eles se imponham sobre a verdade e a bondade.

Aristóteles tem uma lista um pouco diferente. No lugar da sabedoria ele colocou a prudência. O intelecto não é um conteúdo do qual a alma consegue se lembrar, mas sim a capacidade de pensar bem a própria conduta. Prudência é razão prática, deliberação para a ação adequada diante da existência.

Aristóteles concordava com Platão em relação à coragem e à temperança, mas acrescenta uma quarta virtude: a justiça — justiça que, como já explicado, corresponderia a uma ação simultaneamente prudente, temperada e corajosa. Por isso, ela é consagrada por ele como a maior das virtudes, a virtude do equilíbrio entre as virtudes.

Fazendo um paralelo, na vida somos bons em algumas coisas e péssimos em outras. Seria mais justo e, portanto, mais valoroso aquele que possuísse maior número de habilidades e ainda por cima harmonia entre elas. Bom explicador, mas também bom de bola. Futebol e vôlei. Bom de golfe, demonstrando grande habilidade também com bolas diminutas. Que fosse ainda bom de cálculo. Em suma, que fosse bom simultaneamente em várias coisas muito diferentes umas das outras e ainda assim em equilíbrio entre elas de tal maneira que nenhuma sobressaísse em demasia em relação à outra, que nenhuma apequenasse a outra.

Da mesma forma que o universo requer todas as virtudes em ação, todas as virtudes funcionando bem para que ele atinja a sua finalidade, o homem também precisa de todas as suas habilidades. Mas tanto a pluralidade de virtudes quanto o equilíbrio entre elas são raridade. O mais comum mesmo é que cada um de nós se mostre com um pequeno rol de habilidades a serem desenvolvidas — ainda que encontremos uns e outros que, segundo o juízo que fazem deles mesmos, costumam apresentar uma lista bem maior de virtudes do que aquela que se pode perceber.

PARTE I — INTERVENÇÃO X

[CLÓVIS] Como o amigo bem sabe, a física de Aristóteles é referência importante para entendermos a forma grega de atribuir valor às coisas. Ele acreditava que o movimento dos corpos estivesse diretamente ligado à sua própria natureza. Os corpos se dirigiriam para seus lugares naturais. Para onde suas naturezas se sentissem mais à vontade.

A natureza seria, portanto, o princípio de todo deslocamento no espaço. Os corpos tenderiam, como que motivados por vontade própria, a encontrar o seu devido lugar. Ajustando-se, nesse caso, à máquina universal.

É como se os corpos perseguissem através do seu deslocamento um alvo, uma finalidade: o encaixe perfeito na lacuna certa do quebra-cabeça cósmico.

Assim, uma pedra que cai em direção ao solo, segundo a física aristotélica, seria animada por si mesma a seguir tal trajetória, sendo o solo o lugar natural dos corpos pesados. O lugar onde esses corpos devem se encontrar para que o universo esteja em harmonia.

Hoje pensamos bem diferente. Não aceitamos mais como verdadeira a física aristotélica. Acreditamos que quando uma pedra cai não é por estar motivada por sua própria natureza. Não é por ter no solo o seu lugar natural. Supomos que a queda da pedra tenha como causa uma força que lhe é exterior: a força de atração gravitacional.

Mas deixemos de lado o que acreditamos saber hoje. Nossas crenças atuais não nos interessam aqui. Continuemos com Aristóteles.

A fumaça que se desloca em direção ao céu, segundo o filósofo de Estagira, também estaria buscando seu lugar natural. Uma espécie de garagem ou depósito onde ficam todos os corpos leves. Perceba o esforço de Aristóteles em conciliar uma certeza ligada à ordem universal com os dados empíricos do movimento que ele e todos os demais flagravam no mundo.

É interessante notar que a natureza de cada corpo indicaria suas tendências de movimento no interior do universo. Estas, por sua vez, estariam imbricadas à finalidade desse corpo no cosmos. Assim, a observância das características da própria natureza seria condição de uma inserção harmoniosa, de uma existência confortável e complementar aos demais corpos.

Essa proposta de explicação do movimento dos corpos parece estranha para nós. Afinal, o princípio da inércia anunciado por Descartes e consagrado por Newton assegura que um corpo permanece em movimento desde que não haja nenhuma força contrária que lhe seja exterior e que determine desaceleração ou interrupção desse movimento. Assim, cairia por terra a tese de que os corpos estão procurando, por conta própria, movidos pela sua própria natureza, o seu cósmico lugar. Se esse fosse o caso, ao chegarem a esse lugar que lhes confere harmonia em relação ao resto, tenderiam a ficar satisfeitos. Sossegariam o facho. Como alguém que finalmente chega em casa depois de uma estafante jornada.

Mas isso não acontece. Não havendo força exterior — que nada tem a ver com a própria natureza — para decretar seu repouso, permanecem indefinidamente em movimento. Constatação incômoda para os defensores da tese grega do lugar natural.

Penso que esse jeito grego de interpretar o movimento dos corpos se aproxime bastante das explicações oferecidas pelas crianças quando se deparam com os corpos em deslocamento no mundo.

No imaginário infantil, as coisas do mundo são animadas. Isto é, providas de alma, de vontade. E imaginar as coisas do mundo perambulando por aí e querendo voltar para casa, onde também vivem todos os entes queridos, sempre foi bastante tentador. Pedras caindo estão sendo esperadas pelas irmãzinhas que já se encontram acomodadas em seu lar, no solo feliz.

* * *

[JÚLIO] Concordo, Clóvis. Para Aristóteles, o fato de as coisas se moverem com a finalidade de alcançar o seu lugar no mundo, o seu justo lugar, implica que as coisas tenham alma. Alma não seria o atributo somente de um ser pensante, de um ser vivo, e sim de um ser que se movimenta em direção ao seu lugar na natureza.

Talvez, a principal diferença entre a minha alma de ser vivo e pensante e a alma de uma lajota que cai do alto de uma construção seja o fato de que o movimento desta em direção ao seu lugar na natureza é menos atravancado, truncado e incerto que o meu. A lajota cai verticalmente em direção ao solo ou à cabeça de um operário em movimento constante, retilíneo e uniforme. Já na minha existência de ser pensante e sensível, minha alma se manifesta como consciência, como desejo, como afeto. Tenta me direcionar para o lugar de minha natureza, para o lugar em que eu deveria estar para que o cosmos, na sua perfeita funcionalidade, realize a sua finalidade.

Enquanto a lajota cai vertiginosamente, ela não titubeia nem hesita quanto ao caminho da sua queda. Eu, ser de consciência, titubeio. Hesito. Pergunto-me se o lugar onde estou é o lugar onde deveria estar, se aquilo que faço agora é aquilo que de fato deveria fazer, se aquilo de que eu gosto é por gosto genuíno, verdadeiro. Será que eu não vivo de alguma forma deslocado do meu lugar de existência? Será que não há outro lugar mais adequado para a minha existência? Outro modo de vida mais adequado que esse? Será que não há, em resumo, outra vida que valha mais do que a vida que levo? Será que não avaliei mal a minha existência?

Tudo isso faço eu, ser dotado de consciência. Assim se manifesta minha alma hesitante, ao contrário da alma da pedra. Sem hesitação. Na sua ausência de consciência, na sua pétrea ignorância, a pedra parece saber com muito mais precisão qual é o seu lugar na natureza do que qualquer um de nós, seres pensantes.

É por isso que os estoicos, pensadores do século II a.C., acreditavam que existiria na natureza um lugar para cada um. Um único lugar perfeito no cosmos. Um lugar de ajustamento para cada um de nós. Um lugar onde realizaríamos perfeitamente a nossa virtude. Acreditavam que os seres sem razão e sem consciência eram mais felizes do que nós. Porque, sem a hesitação, sem a incerteza da existência, existiriam mais facilmente, em conformidade com o seu lugar. Teriam vida mais ajustada e por isso mais feliz.

Um exemplo: uma beterraba, até onde me consta, não tem consciência da beterraba que é. Da mesma forma, não teria consciência da beterraba que não é. Por isso, ela não tem crise existencial dizendo para si mesma: "Nossa, sou beterraba e ser beterraba é isso que sou e não gosto disso que sou. Queria ser rabanete. Rabanete é mais redondinho, mais interessante, porque tem cores mais vibrantes. Ser rabanete é mais legal!".

O rabanete nasce rabanete, cresce rabanete e morre rabanete em salada. A beterraba também nasce beterraba, cresce beterraba e morre beterraba. Beterraba vive vida de beterraba enquanto rabanete vive vida de rabanete, mas, nós, qual é o nosso lugar? Nascemos para rabanete, para beterraba, para engenheiro, para CEO, para professor, para jogador de futebol? Nascemos para quê? Para onde nossa alma, essa força que nos movimenta, deveria nos inclinar na natureza?

Isso para nós é uma incerteza que faz nossa vida, de certa forma, ser menos digna do que a vida dos animais. Menos digna até do que a vida dos seres inanimados. É na perfeição da adequação do encaixe do animal ao seu lugar na natureza e da pedra ao canto do universo onde ela nasceu para estar que nós deveríamos nos inspirar para bem avaliarmos a nossa existência. Para bem existirmos.

[CLÓVIS] Pergunta fundamental, Júlio: como Aristóteles realizaria essa passagem de suas hipóteses sobre o deslocamento dos corpos às suas reflexões sobre ética e política?

A preocupação com a coerência entre as distintas partes de um edifício filosófico é marca registrada de todo grande pensador. Neste caso, a correspondência é imediata. Da mesma maneira que uma pedra se desloca animada por sua natureza em direção ao seu lugar natural, o homem também o faz. Ou seja, dispondo destes dois elementos — a sua própria natureza e o seu lugar natural —, o homem se desloca, age e interage com as coisas e com outras pessoas.

Tal como o deslocamento de uma pedra, essa ação do homem deve procurar, em observância às características da natureza do agente, a harmonia com o resto do cosmos, encontrando, assim, o próprio lugar.

Então, da mesma maneira que a natureza da pedra, tratando-se de um corpo pesado, indica o lugar para onde ela deve se deslocar, a natureza do homem — suas características e recursos naturais — deve indicar para onde ele deve se deslocar. Ou seja, em que sentido deve agir, em que direção deve esforçar-se para estar.

Aristóteles, como já dissemos, concebe uma teoria de valor segundo uma escala hierarquizada. Os mais dotados de recursos naturais serão levados a cumprir papéis ou finalidades mais relevantes no universo. São, portanto, indivíduos superiores. Entenda que estamos falando aqui do valor das pessoas.

Em contrapartida, dos detentores de recursos naturais mais acanhados podemos esperar desempenhos menos notáveis. Cabe-lhes, portanto, papel ou finalidade menos importante. São indivíduos inferiores na pirâmide social. Com prerrogativas menos relevantes, são menos responsáveis, menos cobrados e menos autônomos para decidir.

Essa hierarquia definida pela natureza está na base da forma aristocrática, consagrada pelos gregos, de enxergar a vida do homem e suas relações com seus semelhantes, o que inspirou fortemente novas e vindouras formas de se organizar e interagir pela história que se seguiu.

A título de exemplo, o sistema feudal, que surge logo após as invasões bárbaras ao império romano, determinando sua fragmentação e descentralização, só fez reforçar uma visão aristocrática da vida em sociedade, escorada na superioridade de uns sobre outros e numa virtude desigualmente distribuída entre os homens.

* * *

[JÚLIO] Outro exemplo, com a ressalva de que algumas adaptações se fazem necessárias, pode ser encontrado no mundo corporativo. Uma espécie de doutrina que norteia as operações de RH — ou de gestão de pessoas, como parece ser o termo da moda — é a ideia de que o gestor de pessoas deve ser capaz de identificar as habilidades de cada um para poder colocar o homem certo no lugar certo. Ou, para dizer o mesmo, mas numa língua conhecida pelo pessoal do mundo corporativo, *the right man in the right place.*

Guardadas as devidas proporções, trata-se da crença de que as pessoas possuem um lugar natural para ocupar, o que permite hierarquizá-las, uma vez que existem postos nobres e postos de menor importância a serem ocupados. As semelhanças acabam por aí. É que Aristóteles, quando expõe a sua doutrina, o faz como uma espécie de aconselhamento moral. É o discurso que deságua num conselho: "Olha, você deve conhecer a sua natureza para que, assim, seja capaz de buscar o seu devido lugar, para que você direcione as suas ações até o local da existência que lhe convém. O norte moral da sua conduta em direção à vida adequada deve ser suas habilidades. Conheça-as e as respeite".

No caso do discurso corporativo, não se trata de aconselhamento moral ao indivíduo livre para deliberar e ajustar a própria existência. É uma mensagem ao gestor dizendo: "Conheça os outros, direcione os outros". Há uma diferença muito grande entre você conhecer suas habilidades e ter a liberdade de direcionar-se para a vida adequada e outra pessoa identificar alguma habilidade em você e direcioná-lo à posição adequada.

Quando você guia a própria existência em razão das suas habilidades e das suas alegrias, tende a encontrar um lugar que o alegra. Quando outro é quem o direciona, a habilidade que lhe interessa e que, portanto, tem maior valor para você nem sempre é considerada. Avaliam-se as virtudes e os locais adequados a partir da alegria do gestor, e não de quem possui as virtudes e os afetos.

Quando Aristóteles aplica à política, à organização social e à ética os mesmos princípios que norteiam a física, ele o faz porque considera o mundo político e moral indistinto do mundo da natureza, pelo menos no que diz respeito a essa concepção de valores. Haveria uma natureza existencial do homem e um lugar natural, assim como uma organização política que seria também natural.

Não existe a ideia, por exemplo, de que a *polis* seja uma invenção. Um lugar inventado de determinada maneira, mas que poderia ter sido inventado de outra completamente diferente. Não há a ideia de que a nossa vida seja também, de alguma forma, inventada. Não inventamos gostar de carambola ou ser hábeis em ioiô, apenas o somos, queiramos ou não. Nossas virtudes não estão disponíveis *à la carte*. Elas são prato feito e servido quando do início de nossa existência.

Outra questão se impõe. Havendo um modo de existência natural como as virtudes e, ao mesmo tempo, constatando que somos seres inteligentes e criativos, ou nossa inteligência e criatividade são também parte de uma ordem natural — e, neste caso, toda a nossa criatividade seria apenas uma ilusão, pois estaríamos seguindo uma ordem que nos teria sido imposta pela natureza ao inventar coisas —, ou então somos de fato não apenas criativos e inteligentes, mas também livres da natureza quando exercemos tal habilidade e, portanto, criamos coisas em desarmonia com a ordem natural das coisas. Autônomos para criar coisas ruins ou autômatos que apenas possuem a ilusão de criar algo, mas que simplesmente realizam uma ordem natural.

Imagine um jogo de peteca e alguém dotado de extraordinária habilidade nessa modalidade. Poderíamos perguntar para que a natureza se valeria dessa habilidade de peteca. Qual é a contribuição que o habilidoso jogador de peteca dá à harmonia do universo se a peteca e o jogo nela centrado foram inventados? Será que a peteca cumpre um importante papel na ordem natural, de maneira que, sem competições de peteca, um dilúvio cairá sobre um continente qualquer?

O exemplo pode parecer exagerado, mas não damos mais ou menos valor às coisas por serem naturais ou artificiais? Vendemos suco de fruta pasteurizado e recomposto em caixinha, com aromatizantes e acidulantes, e ainda estampamos no rótulo a palavra “natural”. Para quê, senão para dizer que ele vale mais do que os outros, também encaixotados, aromatizados e acidulados, mas assumidamente artificiais? Por outro lado, quando se trata de medicamentos, a opinião dominante parece ser a de que, quanto mais manipulação laboratorial, melhor a droga, enquanto os remédios naturais são associados a crendices, curandeirismo, modismos e uma boa dose de ingenuidade de seus fãs. O importante é perceber o quanto a ideia de ordem natural como referência para valorar qualquer coisa não é apenas uma ideia estranha de um grego há muito morto. É algo presente em nossas formas atuais de atribuir valor.

Voltando ao exemplo do mundo corporativo, poderíamos dizer que um gestor avaliando as virtudes de outro para determinar em que lugar "natural" ele deveria estar na empresa só faz sentido sob a condição de naturalizar a organização da empresa. Entre outras coisas, é para isso que servem os manuais de administração de empresas, que demonstram e explicam um determinado modelo e dizem por que ele é superior aos outros, como se houvesse superado os demais num embate evolutivo das formas de conviver e trabalhar, como se fosse a natureza aperfeiçoada por ela mesma.

Talvez, para bem julgar alguém, devêssemos avaliá-lo não apenas segundo uma habilidade específica em razão de uma natureza precisa na qual desempenharia uma função qualquer. Talvez devêssemos avaliar outras virtudes em outras naturezas. Ou ainda, quem sabe — se fôssemos capazes de dizer com precisão o que é e o que não é natural em nosso intelecto —, segundo apenas aquelas virtudes verdadeiramente adequadas à natureza, e não segundo as coisas antinaturais inventadas.

[CLÓVIS] Para os gregos, o valor de beleza, a definição do belo e as características de uma obra de arte têm como referência o cosmos. Assim como os valores morais. O belo se definiria a partir de uma suposta harmonia com o universo cósmico.

A arte grega é a encarnação num material sensível da ordem do mundo. É uma representação em qualquer coisa pequena do cosmos gigante e de seus atributos. Dessa forma, o artista codifica a harmonia cósmica num pedaço de madeira, de mármore, em ondas sonoras, em texto, em tela.

Esse trabalho de codificação se objetiva inicialmente numa redução. A imensidão finita do universo sendo representada na miudeza de um pedaço de alguma coisa. Nesse sentido, toda obra de arte, dentro da perspectiva grega, é um microcosmos. A própria harmonia do cosmos em dimensão reduzida ou concentrada, simbolizada num objeto particular.

A título de exemplo, a arquitetura grega é simétrica porque a simetria é representativa da harmonia cósmica. Assim também se desenha a preocupação dos gregos com a exuberância física dos corpos, sobretudo masculinos. Fazer do próprio corpo uma espécie de obra de arte, um microcosmos.

Vale a pena observar que, tendo o cosmos como referência, a beleza de qualquer coisa é uma beleza objetivamente identificada. Se algo simboliza com correção e pertinência o todo, é belo; caso contrário, não.

Infere-se daí que a beleza das coisas do mundo, das produções humanas e das obras de arte nada tem a ver com as boas sensações de seus observadores. Tampouco com o gosto ou com a alegria — alegria que eventualmente a obra de arte desperta em quem a contempla.

* * *

[JÚLIO] Bem observado, Clóvis. Para os antigos gregos, a beleza estava associada à reprodução da harmonia, de tal maneira que fazer da vida o objeto de sua obra de arte era tido como algo possível desde que a sua vida estivesse em harmonia com o cosmos.

Assim como a matéria-prima do escultor é argila ou mármore e a matéria-prima do pintor são tela e tintas, a matéria-prima de qualquer um de nós deveria ser a nossa própria existência, incluindo aí também o nosso corpo. "Nada em demasia" é o que se via escrito no umbral do templo de Apolo, como uma espécie de regra moral da existência. Nem peso em demasia, nem consumo em demasia, nem mesmo escassez em demasia.

O equilíbrio e a harmonia eram tidos como um grande valor existencial. Tempos depois, autores como Friedrich Nietzsche e Michel Foucault vão falar não propriamente de uma ética da existência, mas de uma estética da existência inspirada na vida como obra de arte dos gregos.

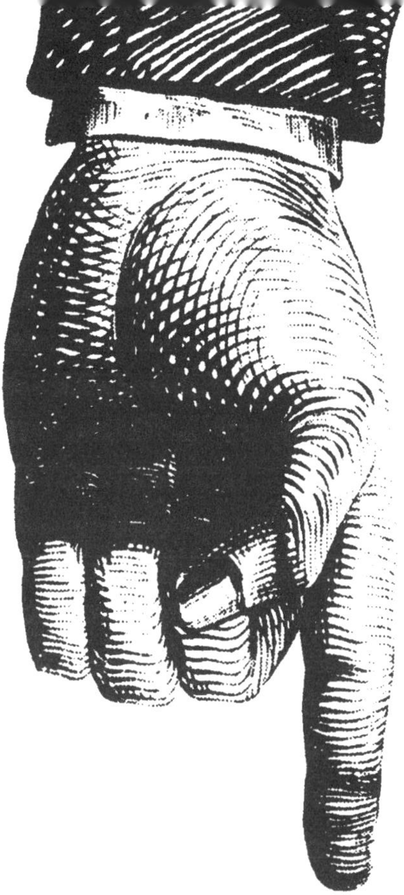

PARTE II

CRISTO E OS MODERNOS

[CLÓVIS] Deixemos os gregos para trás e avancemos, caro Júlio.

A passagem do pensamento grego para o cristão se concretiza numa série de rupturas. Uma nova teoria do valor, com certeza. Mas não só. Muda o entendimento do universo e de sua origem; a natureza humana; o sentido da vida; a ética; a política; formas legítimas de exercício de poder; a salvação etc.

Para os objetivos desta nossa conversa, a grande ruptura está no descolamento — é como eu o chamaria — proposto pela filosofia cristã da moral e da política em relação à natureza.

Explicando melhor: para os gregos, a superioridade de recursos naturais por parte de alguns homens — inteligência, força, beleza etc. — implicava automaticamente uma superioridade moral e política desses mesmos aquinhoados.

Em contrapartida, para o pensamento cristão, esta correspondência desaparece. Ou seja, a superioridade na natureza nada tem a ver com dignidade moral e exercício de poder. Acho que posso desenvolver essa ideia, se o professor Júlio não se opuser.

Comecemos, então, pela natureza. E nesse ponto não há divergência. Tanto para gregos quanto para cristãos, os homens são desigualmente providos de recursos.

A beleza, por exemplo, é mal distribuída. Pessimamente, eu diria. Está dramaticamente concentrada num número reduzidíssimo de corpos. Esse é o meu olhar.

E falo em nome do significativo contingente de pessoas que, como eu, para conseguir a atenção do interlocutor, sempre teve que se desdobrar para reverter uma disposição inicial ostensivamente adversa. Acho até que parte da habilidade retórica que desenvolvi se deva ao capital estético negativo que me endividava a cada interação.

Mas a natureza não se restringe à beleza. Discernimento, uso da lógica, capacidade de abstração, de articulação criativa de ideias, de observação inteligente da realidade, menos visíveis de longe, também deixam muita gente na mão na hora de chegar junto para bater um papo.

Essa concentração de recursos naturais nas mãos de poucos pode parecer para você que nos lê uma grande injustiça. Afinal, se me colocarem ao lado de um galã de novela, você verá que houve uma certa má vontade na hora do meu acabamento.

Alguns filósofos discordam. Argumentam que tudo na natureza é maravilhoso. Até a baba do javali. Você é que precisa melhorar o seu olhar. Ver a articulação de tudo. Contemplar mais de cima. Constatar que tudo se encaixa.

Outros dirão que não há nem justiça nem injustiça. A natureza é o que é. O erro é sempre ter expectativa. Você é que — por conta da sua formação — talvez esperasse uma distribuição mais igualitária de recursos. Coisa de gente acanhada. Os galãs, os gênios, os super alguma coisa, estes não estão reclamando de nada. O direito de espernear será sempre dos que ficaram chupando o dedo.

Aliás, toda tentativa de avaliar a natureza, de julgá-la, de atribuir-lhe valor a partir de premissas de racionalidade consagradas leva a uma incompreensão indignada, a flagrantes sem explicação e a uma tristeza ignorante. Querer que a natureza seja como supomos que ela deveria ser é como procurar pelo em ovo — tarefa que só entristece.

Dessa forma, se há ruptura entre os pensamentos cristão e grego, esta não reside na distribuição de talentos, e sim na relação entre natureza e valores. Enquanto para os gregos a riqueza de recursos naturais indicava superioridade ética e política, para o pensamento cristão isso não acontece.

Ou seja, uma eventual superioridade de natureza, de recursos naturais, de talentos, de habilidades etc. nada tem a ver com dignidade moral nem com superioridade de princípios na relação entre as pessoas.

Perceba que a reflexão sobre o valor muda de lugar. Segundo o pensamento cristão, gênios como Pierre Bourdieu, Mikhail Bakhtin e Maria Aparecida Baccega, para ficar na letra B, não são necessariamente mais dignos moralmente, nem superiores na relação com outras pessoas, do que criaturas de inteligência mais próxima da média como eu mesmo.

Mas, então, nesse caso, onde está o fundamento do valor? O que permitiria discriminar as pessoas, já que a riqueza de recursos naturais foi abandonada como critério?

A liberdade para escolher a própria vida, decidir as próprias condutas, investir energia nesta ou naquela atividade passa a ser o ponto de partida.

Portanto, o valor deixa de estar vinculado à quantidade de talento legado pela natureza.

Encontra-se agora na decisão que tomamos a respeito do que fazer com os talentos que são os nossos. Na razão soberana que pensa a conduta. E — por que não dizer? — na conduta efetivada a partir do pensamento.

* * *

[JÚLIO] Outro aspecto significativo da mudança da Antiguidade para a Idade Média é que, mantida a natureza, seu princípio de ordem muda. Quando escreve sobre a física, Aristóteles produz uma série de reflexões às quais ele não dá nome. São coletâneas esparsas de reflexões, não chegando a constituir um livro sistematicamente organizado. A estas reflexões, o filósofo se refere como "das coisas que estão em torno da física" ou "filosofia primeira" — a filosofia segunda seria a física.

Não se trata de questões sobre o mundo físico, que para Aristóteles abrangia também o que hoje chamamos de biologia, epistemologia e outras tantas ciências naturais e humanas, e sim sobre questões que não podem ser percebidas sensivelmente, mas que, ainda assim, seriam fundamentais para o entendimento da física. Após sua morte, essas reflexões produzidas em catorze textos foram organizadas num único livro, tempos depois chamado de *Metafísica*.

Uma das principais questões desta metafísica era a da causa do movimento do mundo. A causa primeira de todo movimento e de toda a impermanência característica do mundo físico. A leitura medieval que Tomás de Aquino fez de Aristóteles chamará a causa primeira de todo movimento de Deus. A dinâmica do mundo físico passa a ser explicada como uma conformação produzida por uma força estranha a ele: Deus.

Essa força é descrita de forma predominante no pensamento medieval como um ser distante da natureza, como na experiência de Abraão com Deus, comum às três grandes tradições religiosas: judaísmo, cristianismo e islamismo. A ideia de milagre é uma consequência exemplar deste modo de pensar a divindade. Deus é o legislador das leis da natureza. Ele faz a natureza ser o que é. Ele é o princípio de organização e de atribuição de valor às coisas do mundo. Se este funciona de forma estranha, diferente, desprovida de explicação natural, como se regido por uma nova ordem natural, esta mudança só poderia ser obra do legislador, obra de Deus. Milagre é tudo aquilo que não tem explicação natural e que, ao ocorrer, provaria a existência de algo para além da natureza: Deus.

A partir dessa ideia de natureza como consequência da vontade divina, a ética deixa de ser a busca por um atributo natural de cada indivíduo e do encaixe na natureza para ser a busca pelo enquadramento do indivíduo numa lei de Deus. Os livros de aconselhamento moral deixam de sugerir o "conhece a ti mesmo" para propor o "conhece a Deus e à tua obra. Entenda o que Deus quer para você". E, claro, o valor de cada um na existência será determinado pelo quanto essa pessoa se enquadra no plano divino.

A questão dos afetos também permanece, mas agora o problema do direcionamento do indivíduo segundo suas inclinações próprias torna-se mais claramente um problema. Voltemos ao exemplo do monge excitado. Flagelando-se, ele enfraquece o corpo e com ele o desejo, permitindo a imposição da razão sobre a vontade. Mas não se trata mais daquela razão que permitiria ao homem que bem se conhece desenvolver com excelência as suas virtudes. Agora estamos falando do homem que conhece a lei de Deus e assim poderia impor essa lei estranha a si mesmo e à própria natureza como ato racional de escolha da adesão a um código moral divino.

PARTE II — INTERVENÇÃO II

[CLÓVIS] O leitor poderá imaginar o alcance e o impacto desta nova forma de pensar os valores. Aliás, lembro-me das brincadeiras de escola, quando nos forçavam a escolher um momento da história para o qual gostaríamos de voltar caso alguma técnica permitisse. Devo admitir que minhas opções de hoje não coincidem com as daquele tempo.

Porque hoje adoraria retornar para este momento da história do homem em que o pensamento grego — em especial o dos estoicos — conviveu com o surgimento do pensamento cristão. Quanto estranhamento esta nova forma de pensar — proposta por Jesus — terá despertado junto aos porta-vozes das ideias dominantes de então.

Afinal, imagine o impacto dessa ideia para quem sempre teve certeza de que o valor das coisas do homem — condutas, produção, obras de arte — tinha diretamente a ver com o legado de natureza desigualmente distribuído entre todos! A ideia de que os bem aquinhoados em princípio não tinham garantida nenhuma superioridade na hora de conviver com os demais terá produzido calafrios.

É fácil supor quem terá oferecido maior resistência a estas ideias de igualdade. A resposta óbvia: os poderosos de então. Os ocupantes de posição de superioridade. Todos aqueles reconhecidos como portadores de recursos naturais sobressalentes. Portanto, não é difícil supor o nível de subversão que essa nova forma de pensamento representava para o *status quo* político da época.

* * *

[JÚLIO] De fato, Clóvis, em seu surgimento o pensamento cristão era revolucionário. Uma revolução muito interessante, pois o valor que se atribui às pessoas deixa de depender de seus dotes físicos e de suas virtudes e passa a depender de suas escolhas, da força de sua vontade de seguir adiante com determinada conduta. Ser alguém valioso, ter uma vida digna e valorosa dependerá somente do indivíduo e de suas escolhas, e não da eventual sorte de a natureza tê-lo dotado com determinadas habilidades.

O curioso é que essa ideia, para nós tão antiga e bem conhecida, ainda parece estranhamente revolucionária. Às vezes, cochilamos com relação à perspectiva cristã dos valores. Não digo quanto ao seu conteúdo, mas com relação ao modo de pensar os valores. Quantas vezes não nos flagramos pensando tal como os antigos gregos, estigmatizando algumas pessoas, grupos ou povos como perigosos, incompetentes, inferiores, gente sem virtude por natureza? Quantas vezes não deixamos de avaliar as pessoas de acordo com suas escolhas e atitudes para avaliá-las segundo sua aparência?

Eis a base dos preconceitos. De toda uma série de comportamentos que têm como característica avaliar o mundo dividindo-o em dois tipos de pessoas: aquelas que são julgadas pela sua natureza e aquelas que são julgadas pelas suas atitudes. Tendemos sempre a avaliar a nós mesmos e àqueles que nos são próximos e queridos pelas suas atitudes, enquanto aos que nos são estranhos, distantes ou diferentes, normalmente julgamos por sua natureza.

PARTE II — INTERVENÇÃO III

[CLÓVIS] O abestado, o monstruoso, o fraco, o raquítico, o deficiente. Graças ao pensamento cristão, todos esses passam a ter a mesma dignidade que o forte, o belo, o extremamente inteligente, o competente, o astucioso, o deslumbrante.

Hoje isso nos parece óbvio, não é mesmo, Júlio? Mas, se pudéssemos de fato conceber como era a vida e a convivência entre os gregos, poderíamos entender melhor as dimensões dessa revolução intelectual.

O pensamento cristão inaugura a ideia de igualdade. Uma igualdade que não é de fato. Porque, de fato, somos desiguais. Mas uma igualdade que é de direito.

E é fundamental que você entenda o porquê da aparição da ideia de igualdade nesse momento — ela, que também nos parece, hoje, uma evidência.

É preciso deixar claro que a igualdade de direito entre todos, esta que é igualmente moral e jurídica, tem dia e hora para aparecer no cenário das reflexões do homem. É uma igualdade que decorre do descolamento da ética e da política face à natureza.

Uma vez aceito que a dignidade moral tem a ver com a maneira como deliberamos sobre a própria conduta, a maneira como decidimos agir e a maneira como agimos efetivamente em função de uma decisão tomada, fica claro que todos nós começamos do zero.

Você pode ter inteligência 30 e eu, 5. Mas a partir de agora o valor moral de nossas vidas e de nossas condutas dependerá do que você fará com os 30 e do que eu farei com os 5. Dependerá do que decidirmos fazer com nossos recursos.

Estamos nesse momento em igualdade. Sou tão livre quanto você para decidir o que fazer com o que disponho como recurso. Livre para deliberar sobre minhas próprias potencialidades.

Assim, você poderá ter infinitamente mais possibilidades de ação e de intervenção sobre o mundo, mas a liberdade que temos de decidir o que fazer com os nossos recursos é a mesma para ambos. E nesse ponto, portanto, somos iguais.

No momento em que o valor da conduta depende da liberdade de decidir, passamos uma régua que reconduz a zero as abissais diferenças de natureza que distinguem os agentes.

* * *

[JÚLIO] Mas nem tudo era plenamente equânime, Clóvis. Apesar da revolucionária igualdade cristã, ainda subsistiu uma espécie de hierarquia natural. Dessa vez, a partir da razão, considerando que alguns são mais inteligentes que outros, que certas pessoas entendem as coisas sem que seja necessário lhes explicar nada, enquanto outras entendem desde que alguém lhes explique. Outras, por sua vez, não entendem nem se a coisa for muito bem explicada, nem se tiver figurinha.

Os mais inteligentes poderiam ser melhores do que os menos inteligentes, porque os primeiros escolheriam melhor, deliberariam melhor sobre a sua existência do que os segundos. Santo Agostinho tem quanto a isso uma perspectiva muito curiosa. A essa liberdade racional que nos iguala, ele chamou de livre-arbítrio. Livre-arbítrio e razão se confundem no pensamento de Santo Agostinho. Mas ele não pensa a razão ou o livre-arbítrio por graus. Ele considera que, para uma existência, todos nós teríamos o mínimo necessário para viver a vida com dignidade. Como ele justifica isso?

A discussão em Santo Agostinho passa por sua interpretação do pecado original. Os primeiros humanos, Adão e Eva, vivem no paraíso, e apenas uma lei lhes é imposta: a interdição do fruto. Eva comete o primeiro pecado e ainda influencia Adão a segui-la. A consequência é que ambos são expulsos do paraíso. Nós não somos Adão e Eva. Basta reparar no fato de que as pessoas estão vestidas. Mas seríamos todos nós filhos de Adão e Eva. Herdeiros do pecado original. Nascemos em desgraça, não por nossas escolhas, mas pelas escolhas de nossos mais remotos antepassados. Cá estamos nesse mundo que de paraíso não tem nada. Aliás, o mais próximo que se chega do paraíso é ali no comecinho da avenida Paulista, pelo menos aqui em São Paulo. Fora isso, é só uma vida de engarrafamentos.

O fato é que Agostinho pergunta: por que Eva pecou? E responde: porque desejou. O desejo a levou ao pecado. E todos nós nascemos com esse dispositivo pecaminoso chamado desejo. Para Santo Agostinho, é o desejo que nos impediria de cumprir um dos mais valiosos mandamentos cristãos: o de amarmos uns aos outros. Se de fato nos amássemos uns aos outros, não haveria guerras, vilania, tirania etc. A vida compartilhada seria paradisíaca.

Mas não nascemos com a capacidade de amar indistintamente, como Deus. Somos apenas sua imagem e semelhança. Deus, para tornar possível nos redimirmos do pecado que não cometemos, nos deu o livre-arbítrio, razão substituta do afeto incondicional que não temos. Nós não amamos incondicionalmente o outro, mas condicionalmente. Amamos desde que nos trate bem. Desde que não nos maltrate muito.

Ainda que não sejamos capazes, por afeto, de amarmos uns aos outros indistintamente, somos capazes de compreender o amor e de entender a ação amorosa. Somos capazes, portanto, de escolher agir como quem ama, ainda que não exista o afeto amoroso pelo outro. E a capacidade racional de entender o amor e de agir como quem ama não requer nenhum tipo de sofisticação intelectual. Todos a teríamos e, por isso, seríamos todos iguais.

PARTE II — INTERVENÇÃO IV

[CLÓVIS] Sim, não há dúvidas, Júlio, de que Jesus propõe uma nova teoria de valor, que se estende às ações humanas, ao trabalho e aos seus produtos, obras de arte etc. Substitui a quantidade e a qualidade de nossos recursos naturais, talentos e habilidades inatas pelas nossas iniciativas, livremente deliberadas.

De um lado, surgem as ideias que muito mais tarde denominaríamos em jargão profissional de "proatividade", "atitude". De outro, altera-se por completo a nossa concepção de natureza e nossa relação com ela. O pensamento cristão dá início a uma desvalorização da natureza em proveito do homem soberano e deliberativo.

Ficou claro para o leitor por que falamos de uma nova teoria de valor. Afinal, houve uma mudança de referência — ou de critério, como preferem alguns. Agora, cabe ao homem, ante muitas possibilidades existenciais, ante uma infinidade de condutas possíveis, identificar a melhor. A sua decisão é que tem ou não valor.

No lugar de um programa de vida semipronto — organizado em torno de um universo ordenado que se impõe a nós —, entra uma liberdade que nos traz de brinde um abacaxi com casca e uma faca pequena e cega. A nova soberania na gestão da própria vida vem sempre acompanhada do desconforto de ter que estar sempre decidindo, e em situações complexas de escolha.

Para diminuir as dificuldades de uma vida livre e angustiada, parece faltar algo de positivo, que nos sirva de referência. O amor. Ágape. Agora já dispomos de todos os elementos para a nova teoria cristã do valor: liberdade, igualdade e amor.

* * *

[JÚLIO] Aproveitando a fala do colega, gostaria de enfatizar que a liberdade da qual se trata aqui não é a política, que concebemos ora como não ser governado por um tirano, ora como a possibilidade de ir e vir ou de ter direitos assegurados contra o arbítrio dos poderosos. A liberdade política é tida como um baita valor. Valor pelo qual vale a pena matar e morrer. Valor sem o qual a vida não teria nenhum sentido.

Mas a liberdade inaugurada pelo cristianismo aponta para o sentido existencial. A liberdade de poder existir de maneiras diferentes. A liberdade de não haver uma forma natural de existência e, portanto, uma única forma verdadeira de existência que excluiria todas as outras.

O cristianismo inaugura uma espécie de eterno potencial revolucionário sobre a própria existência. Ninguém teria nascido para uma vida específica ou condenado a nenhuma existência. De tal maneira que nada impediria que Abelardo, materialista e impiedoso, se tornasse amanhã um espiritualista piedoso. Levado esse princípio à radicalidade, sem natureza existencial, nada impediria Abelardo, hétero, de tornar-se Shirley. Claro que há censuras sociais e religiosas a transformações existenciais como essa, mas elas são apenas sociais, não uma limitação da natureza existencial. É impossível violar uma natureza inexistente.

A liberdade existencial tem um custo que faz com que ela seja muito diferente da liberdade política: a angústia, entendida como a incerteza sobre a vida a ser vivida. Sem uma natureza na qual nos espelhar, temos a angústia.

Um exemplo: em restaurantes do tipo self-service, costumo fazer um planejamento estratégico do prato. Porque, apesar de pagar por peso, ninguém monta prato por peso. Monta-se por ocupação de espaço. Enquanto houver porcelana à vista, coloca-se comida no prato. Aliás, é por isso que esse tipo de restaurante tem pratos cada vez maiores, atualmente atingindo o raio de um volante de Kombi. Para evitar um prato muito abilolado, primeiro eu observo tudo o que há à disposição.

Uma vez concluída essa varredura, faço escolhas. Então, na execução desse método, flagro a feijoada. Quando a vejo, meu estômago dá pulos de alegria e diz: "Oh, é isso mesmo. Não precisa escolher. É feijoada. E completa!". Mas, fiel ao método, sigo adiante e encontro o sushi, e o meu estômago também entra em festa: "Nossa, um sushizinho. Que maravilha!".

Gosto muito de feijoada. Também gosto de sushi. Mas tenho um problema. Feijoada é bom, sushi é bom, mas os dois no mesmo prato não dá. É um limite existencial que eu tenho. Para mim, não é só indigesto, é ofensivo. Sou obrigado a escolher. O mundo me impõe limitações materiais. Mas ainda assim gozo de liberdade existencial. Posso existir hoje com feijoada no almoço ou posso existir hoje com sushi no almoço. Eis o momento da angústia. A incerteza. Se houvesse uma inclinação afetiva unívoca, se eu amasse feijoada e detestasse sushi, não haveria angústia. Se há angústia é porque os nossos afetos não nos direcionam de forma inequívoca para um modo de vida.

Aristóteles, por exemplo, crente na ideia de natureza como cosmos, apostava num tipo de afeto como norte existencial, a *eudaimonia*. Gosto da tradução desse termo como: o estado mais belo e perfeito de mim mesmo. Muitos o traduzem como alegria. Aquela vida que alegra porque é vida em conformidade com a natureza. Então, esse afeto positivo seria a pista de que teríamos encontrado o nosso lugar na natureza e estaríamos, portanto, vivendo bem, mas agora sem natureza. Angústia. E para nos livrarmos dela o cristianismo propõe um afeto: o amor. Amor que poderia nos permitir, tal qual aquele que ama alguma coisa, não pensar em outro.

O homem que se apaixona por Maria teria como consequência do amor por Maria a exclusão de todas as outras. A mulher que se apaixona por Valfredo teria como consequência desse amor a exclusão de todos os outros homens. Para quem ama coxinha com catupiry, qualquer outra coxinha sem catupiry, qualquer outro acepipe que não coxinha com catupiry é quitute menor. O amor seria essa inclinação afetiva que nos liga a algo e exclui alternativas a ele. Portanto, ainda que não haja uma natureza, ainda que ela seja descartável, a angústia deixaria de existir como um afeto inequívoco. É o que o cristianismo diz: ame a moda cristã, porque o amor à moda cristã permite que a vida tenha sentido; que a vida não tenha angústia, porque inclinada para o amor ao próximo.

Detalhe importante do amor cristão. Se o amor é escolha de algo e renúncia a outras semelhantes, no amor cristão, que prega amor ao próximo, o objeto da renúncia seríamos nós mesmos. Esquecer-se.

PARTE II — INTERVENÇÃO V

[CLÓVIS] Em acordo com a análise do colega, acredito que o primeiro passo na compreensão dessa nova forma de atribuição de valor que tem o amor como referência positiva nos remete à nossa própria consciência, a uma liberdade decisória, a um foro interior.

É preciso sempre lembrar que Jesus era judeu praticante, mas que, ao deslocar o centro de gravidade axiológico, ao considerar como mais relevante a livre consciência, posiciona-se como subversivo, dissidente.

Esse deslocamento abre espaço para uma nova forma de discussão da espiritualidade, da reflexão sobre a vida boa, das formas ideais de vida e de convivência.

Em suma, essa autonomia inaugura um novo momento na discussão sobre os valores e suas referências. E também abre portas — por mais estranho que possa parecer ao leitor — para uma laicização progressiva da reflexão sobre os valores e, poderíamos dizer, para a humanização progressiva da valoração do mundo.

Ora, é conhecida a passagem apresentada no evangelho de Marcos quando Jesus é criticado porque seus amigos não lavaram as mãos antes de passar à mesa. Nesse momento, Jesus é atacado por ter amigos impuros. É sabido que seu círculo de amizades não fazia parte da elite da época, não estava entre as personalidades mais influentes e não figuraria entre os *top of mind* de nada importante.

Jesus então responde a seus críticos: "Não há nada de exterior ao homem que, penetrando nele, possa sujá-lo. Mas o que sai do homem — eis o que o suja". Ou seja, o que pode macular o coração e a alma vem do interior — maus pensamentos, más intenções.

Essa reflexão confronta radicalmente os rituais dietéticos dos judeus. Ao remeter os valores do homem ao foro interior, à boa conduta, a uma questão de consciência, aberta a interpretações, Jesus propõe uma nova teoria do valor que coloca em xeque toda tentativa de normatização da vida.

O que inclui todos os programas prontos de existência aplicáveis a qualquer um, tais como as atuais lições de autoajuda, os atributos da qualidade de vida e os mandamentos do politicamente correto.

* * *

[JÚLIO] Sabe, Clóvis, sempre que avisto um livro de autoajuda em uma livraria de aeroporto — não que eu não os veja em outros lugares, mas é que em livraria de aeroporto é só o que há para ver —, penso num tirano existencial. Em alguém que faz crer que a vida que alegrou José alegrará também Joaquim, Maria e Pedro.

Modelos de vida única. Modelos em que a única escolha moral que a pessoa deveria fazer é abrir mão de suas próprias escolhas existenciais e aderir a um modo de vida pronto. Vida *prêt-à-porter*. Abrir mão de sua liberdade pressupondo que apenas a vida de acordo com o manual seja a vida boa, o gabarito da existência. E todas as outras alternativas, formas menores de existência. Vidas ineficazes, como preferem os livros de autoajuda.

Ao contrário do que ocorre no Antigo Testamento, no qual há mandamentos, no Novo Testamento não há regras. Jesus não tem código ou mandamentos, mas nem por isso deixa de ter um sistema moral.

No Novo Testamento, a vida de Jesus é apresentada como fonte exemplar de moral. O exemplo é diferente da lei e da regra, que é um comando: faça. O exemplo é só uma inspiração. Inspire-se, entenda. Portanto, o que há a ser seguido não é literalmente aquilo que Jesus fez, mas a lógica de sua conduta. Os porquês de sua ação. Exemplo, como você disse, aberto a interpretações.

A passagem de Marcos citada há pouco é exemplo de não discriminação, quando Jesus, diante de uma elite que caçoa, que apequena, que critica aqueles que não seguem as regras de etiqueta, diz que o que suja é o que sai de dentro daqueles que criticam a falta de etiqueta.

Aquele que quer seguir o exemplo de Jesus não deve tratar isso como norma a ponto de buscar algum lugar de etiqueta à mesa e violar regras estabelecidas, por exemplo, arrotando no jantar de batizado. Nem deve apenas criar uma situação semelhante à de Jesus e, repetindo sua frase, imitá-lo. Ainda que o arroto possa não ser um bom exemplo, pois também é algo que sai de dentro, o fato é que não é o exemplo literal que importa. O exemplo não pode se tornar norma.

O que interessa é a lógica do exemplo, como o amor que não discrimina, que não leva em conta instituídos e *outsiders*, que não leva em conta os nobres e os pobres.

[CLÓVIS] É importante ressaltar, Júlio, que o respeito às leis e aos mandamentos não é propriamente questionado por Jesus. O que a rigor ele propõe no começo do "Sermão da Montanha" é que esse respeito não basta. A mera observância estrita da lei é insuficiente para a salvação.

O que haveria, então, de mais importante? Qual a condição de uma vida bem vivida antes da morte? É o amor. E não qualquer amor: é o amor ágape. Sem delinear seus contornos, ficamos amputados do que há de mais rico na teoria cristã do valor.

Antes de mais nada, é preciso entender que esse amor que sentimos uns pelos outros é uma espécie de extensão do amor de Deus por nós. E sua plena compreensão enfrenta questionamentos importantes.

O primeiro deles: se Deus nos ama tanto, por que há tanto mal no mundo? A famosa pergunta: se Deus existe, como explicar o mal?

Tal questionamento é enfrentado num primeiro momento por Leibniz, filósofo alemão do século XVII. E mais recentemente por Simone Weil, filósofa francesa que terminou seus dias em Londres em meados do século XX.

* * *

[JÚLIO] O colega traz à baila questionamentos fundamentais e, sem dúvida, inquietantes. Deus, além de perfeição, seria também puro amor. Amor que tem como condição de sua divina perfeição não ser condicionado.

Deus ama e ama a todos de forma incondicional. Nós, como de resto toda a natureza, não somos Deus, mas suas criaturas. Assim sendo, nós até comungamos com Deus alguns atributos, entre eles o amor. Porém, nosso amor é diferente do amor de Deus. Enquanto este é ilimitado, infinito e incondicionado, o nosso é limitado, finito e condicionado.

Amamos a partir de certas condições. Desde que sejamos correspondidos. Desde que não sejamos sacaneados, ou pelo menos não muito sacaneados. Amamos com infinitos "desde que", com infinitos "senões".

Ora, mas esse amor divino funciona no cristianismo tal como a própria vida de Jesus, ou seja, de modo exemplar. Aqui no mundo da natureza, no mundo humano, no mundo de pessoas com sentimentos impuros e razões tortas, esse amor ágape, amor incondicional, não existe. Mas serve para nós como amor exemplar.

É o amor que de fato não sentimos. O que sentimos é amor escasso. Amor condicionado. Portanto, esse amor cristão não é um sentimento, mas um modelo. Amor que não pode ser copiado como afeto, mas pode ser entendido racionalmente.

Nenhum de nós ama como Deus. Nenhum de nós ama o outro nas suas imperfeições, como Jesus nos apontou, como uma espécie de princípio moral. "Amai-vos uns aos outros." Não amamos assim, mas somos capazes de compreender esse amor, compreender e aceitar o outro como ele é. Na sua imperfeição, na sua diferença, na sua ausência de divindade, na sua torpeza.

E somos capazes também de, seguindo o exemplo da compreensão desse amor exemplar, agir como quem ama, ainda que não haja o afeto. Quem ama respeita. Quem ama cuida. Quem ama preocupa-se. Podemos, portanto, escolher cuidar e respeitar. Podemos escolher racionalmente, numa deliberação moral livre, agir inspirados no modelo do amor incondicional.

Para Santo Agostinho, é essa a natureza do livre-arbítrio. Capacidade racional de entender o amor divino e agir como quem ama. Pode ser um amor cínico. Amor que é atitude planejada, pensada, mas é melhor do que se agíssemos inspirados única e exclusivamente nos nossos afetos.

É como numa escala de valores. Nós deveríamos valorar a partir desse modelo exemplar, o que significa que aquele que age, que se manifesta em conformidade com esse modelo ideal de amor agiria bem, ao passo que aquele que age em conformidade com os afetos que temos, aqueles afetos muitas vezes baixos e mesquinhos, age mal.

Do exemplo nasce também um critério de avaliação de valores. Não um gabarito. Apenas um princípio de avaliação. Um princípio de valoração de atitudes, de pensamentos e de condutas.

[CLÓVIS] Quero propor ao colega e ao leitor um exercício imaginativo. Suponhamos que Deus pretendesse zelar pela perfeição do mundo eliminando dele todo e qualquer mal, toda e qualquer imperfeição. Neste caso, o mundo seria perfeito, assim como Deus. O mundo seria sua extensão. Ou, se preferir, o próprio Deus. E, portanto, Deus não teria criado nada.

Para que ele pudesse criar algo diferente de si mesmo, teria que criar algo imperfeito. Nesse sentido, o mal estaria no intervalo entre a imperfeição do mundo e a perfeição de seu criador. Assim, se Deus é o amor puro, 100% amor, para criar algo diferente dele teve que criar algo diferente do amor 100%. Portanto, o ódio. Se Deus é 100% conhecimento, para criar algo diferente dele teve que criar algo diferente de 100% conhecimento. Daí a ignorância. Se Deus é 100% paz, criou a guerra. Por isso, sempre pairará a pergunta: mas por que criar algo imperfeito, algo diferente de si mesmo? E a resposta é: por amor.

Um exemplo elucidativo. Estou dando aula e Deus está do lado zelando pela sua perfeição. E assim vai dando instruções para que a aula seja perfeita.

* * *

[JÚLIO] O que o colega acaba de dizer me leva ao seguinte raciocínio: Deus, que é perfeito, ama a imperfeição. Ama suas criaturas imperfeitas. O homem, que é imperfeito, é quem ama a perfeição. E pelo amor à perfeição não aceita a imperfeição do mundo. Não entende os porquês do mundo o entristecer. Porque no mundo, se perfeito fosse, não haveria tristeza. Da mesma maneira, o homem não aceita os porquês da dor. Porque no mundo, se perfeito fosse, não haveria dor.

Então, considerando um primeiro aspecto, o problema do mal é um problema de não aceitação da imperfeição do mundo. Não aceitação do mundo tal qual ele é. É como Leibniz vai desenvolver seu raciocínio sobre o mal.

Em seu tempo, falava-se em três tipos de mal. O primeiro, mal metafísico. Por exemplo, o diabo — entidade metafísica causadora do mal. O segundo, mal físico: acontecimentos da natureza que causam dor, tristeza e agonia, como um terremoto ou uma enchente. O terceiro, mal moral: a má conduta humana, o pecado.

Para Leibniz, os três males estariam interligados. Ele retoma uma concepção cósmica do mundo segundo a qual o homem teria um papel a desempenhar. Sua atuação é que daria causa aos males físicos. Para ele, esta seria uma questão física, de causalidades e efeitos.

A causa daquele naufrágio ou daquele terrível terremoto que devastou uma região inteira seria talvez aquele quindim a mais que você comeu, aquele pecado da gula tão comum que numa sequência imensa de causalidades acabou chegando a um resultado catastrófico.

A ciência, em especial a física, não seria um tipo de conhecimento ou de atitude que afastaria o homem de Deus. Ao contrário, quanto mais entendêssemos a física, quanto mais entendêssemos a dinâmica do mundo físico, incluindo aquelas coisas que Aristóteles chamava de "coisas que estão em torno da física", tempos depois chamadas de metafísica, mais entenderíamos Deus. Ou, mais precisamente, entenderíamos como Deus organizou os acontecimentos.

Deus teria uma atuação de regente desta orquestra que seria uma sucessão de causas e efeitos. Regente da ordem do mundo, como se este fosse um relógio e Deus, o relojoeiro que o acerta. E o faz de tal maneira que o mundo poderia ter várias formas diferentes de se organizar, as coisas poderiam acontecer de maneiras incontavelmente distintas, mas não infinitamente diferentes.

É que para Leibniz o mundo é matéria e forma. Deus criou a matéria e foi ele que organizou a forma que essa matéria assumiu.

E assim, por exemplo, criou a água. E a fez do jeito que ela é. Criou a água líquida, que escorre, que evapora, que congela a zero grau. Poderia ter feito a água de outra maneira completamente diferente, mas o fato é que não a fez. Escolheu fazer a água assim, ato de um ser onipotente.

Mas agora que já fez não só a água, mas todas as outras substâncias do mundo, como as pedras, os animais e os homens, que também poderiam ter sido feitos de quaisquer outras maneiras, toda organização da natureza possível é uma organização imitada pelos atributos das substâncias inventadas. Agora que Deus fez a água do jeito que é, não se pode ter uma montanha de água a 20 graus Celsius que se sustente por si mesma, porque a fluidez da água impede que isso aconteça.

Então, Deus, ao orquestrar o mundo e os acontecimentos, o faz limitado por ele mesmo, limitado por sua escolha anterior. Deus, assim, age ao mesmo tempo de forma limitada e mantém a sua onipotência. Porque é limitado por vontade própria.

Mas esse mundo comporta incontáveis organizações de substâncias. E, sendo Deus bom, ele as organiza da melhor forma possível. Organiza-as de maneira tal que o mundo no qual vivemos, o mundo que nos afeta da maneira que afeta, é de todos os mundos possíveis o melhor.

Se nós o amaldiçoamos, se dizemos que ele é mal, é porque desconhecemos os outros mundos possíveis. Com certeza, seriam muito piores do que o mundo que temos. Então, para Leibniz, o mal é a incompreensão da física, a incompreensão de Deus. O mal não existe, ele é apenas o desconhecimento dos outros mundos possíveis.

Mas antes do filósofo alemão, há uma forma de pensar o mal muito original e curiosa — obra de Santo Agostinho.

Para ele, as explicações para a existência do mal não eram convincentes. A primeira delas é que a causa do mal seria Deus, o que é inaceitável por motivos óbvios, já que Deus seria um ser onipotente, onisciente e bom. Um ser bom em essência não poderia de jeito algum ser causador do mal.

Hipótese B: a causa do mal seria o diabo, uma força metafísica qualquer oposta a Deus. Deus seria um ser bom que causaria as coisas boas do mundo, enquanto haveria um opositor, um ser mau que causaria as coisas más. Para Santo Agostinho, isso é difícil de aceitar porque, se Deus tivesse um concorrente, um partido de oposição, não seria onipotente.

Hipótese C: a causa do mal somos nós. Nós, com nossa liberdade e livre-arbítrio, causaríamos o mal. Santo Agostinho também refuta essa possibilidade. Se nós, com nossa liberdade e livre-arbítrio para agir em conformidade com nossos desejos, causamos o mal, então Deus, que nos deu os desejos assim como a liberdade para agir em conformidade com eles é o responsável último por todo o mal que livremente causamos, algo já tido como inaceitável na primeira hipótese.

Então, Santo Agostinho começa a fazer uma digressão sobre o mal nos seguintes termos: para ele, todos nós obviamente não somos Deus, mas somos, como consta nas escrituras, imagem e semelhança de Deus. E como tal comungamos com Deus alguns atributos, dentre eles, o amor, entendido aqui como a causa do que nos torna seres bons.

Enquanto Deus é amor infinito, amor incondicional, nós somos amor escasso e condicional. E Deus, por ser amor infinito, é também bondade infinita. E nós, por sermos amor escasso, somos o bem em escassez.

Para Santo Agostinho, portanto, o problema é epistemológico, um problema de organização do pensamento sobre o mal. As respostas para o problema do mal são insatisfatórias porque pensam o mal como uma substância, alguma coisa que tem de ser identificada em algum lugar ou em alguém. Mas, para ele, o mal não é uma substância, é simplesmente a ausência do bem.

No mundo, não haveria o bem e o mal. O que existiria seria o bem em plenitude e o bem em escassez. O primeiro é Deus; o segundo, nós no mundo. E há de ser assim. Porque, se o mundo não fosse bem em escassez, ele seria Deus. Como Deus e o mundo são dois, o mundo só pode ser bem em escassez. Portanto, pela lógica agostiniana, levada à radicalidade, o mal não existe como uma substância, mas como ausência de Deus.

PARTE II — INTERVENÇÃO VIII

[CLÓVIS] Vou pedir licença ao professor Júlio e convidar nosso leitor a um sobrevoo. Nesse tipo de passeio perde-se em minúcia, mas ganha-se em amplitude visual. Proponho um duplo contraste, entre a moral moderna e as duas anteriores: a cristã e a grega.

Há uma ruptura entre o pensamento moderno e o pensamento cristão, hegemônico, por pelo menos dez séculos ao longo da Idade Média. A moral moderna é antes de mais nada laica. A reflexão sobre o comportamento humano é feita sem a intervenção de um Deus transcendente. Trata-se de uma moral nos limites da simples razão. Deslegitimam-se os argumentos de autoridade em proveito de um espírito crítico e de uma dúvida metódica.

No entanto, se há ruptura inegável, há também aproximação, pontos de tangência e grande influência de um pensamento sobre o outro. Para entender o quanto a liberdade trazida à baila pelo pensamento cristão influenciou a moral moderna, basta ler as primeiras páginas da obra *Fundamentação da metafísica dos costumes*, de Kant, talvez o mais influente filósofo moral de todos os tempos.

O autor observa que a única coisa que realmente vale por si mesma é a boa vontade. Esta, por sua vez, depende diretamente do uso livre da razão, de uma deliberação racional, tendo sempre o dever como referência. A boa vontade não se confunde, portanto, com desejos, simples inclinações e pulsões de todo gênero. Ora, se essa vontade é a única coisa que vale por si mesma, para Kant nada mais goza dessa condição.

Inferimos assim que nenhum outro atributo que recebemos como talento ou dom natural pode ser considerado bom em si mesmo. A inteligência, por exemplo, pode ser usada para o mal, assim como a beleza. Tal como na parábola dos talentos, Kant nos propõe que a dignidade moral agora depende da atividade deliberativa da razão, do uso adequado da razão prática, que decide pela ação alinhada com o dever.

Muito mais nítida é a ruptura da moral kantiana face ao que já expusemos do pensamento grego. No que concerne à nossa relação com o resto da natureza, por exemplo, há uma verdadeira inversão. Para os gregos o dever consistia em explorar a própria natureza no sentido da excelência. Já para Kant, a moral decidida pela razão implica refrear todos os impulsos naturais que nos levem a agir em desalinho com o dever.

Aqui vale a pena chamar a atenção do leitor para uma coincidência curiosa entre essas duas concepções de moral. O esforço, a dedicação. Nenhum dos dois se contentaria com o deus-dará, como se diz. Nem se filiaria ao paradigma de Zeca Pagodinho e deixaria a vida levá-los simplesmente, em doçura, ao sabor da correnteza e da contingência dos encontros com o mundo.

No caso dos gregos, um esforço é fundamental para fazer desabrochar a própria natureza, sair de uma simples potência e atualizá-la em busca da excelência. É preciso muito empenho, treinamento, repetição, mecanização, conversão em hábito.

Enquanto para os modernos é necessário um esforço para controlar a onda da natureza, para dominá-la e subjugá-la aos deveres definidos pela razão. Em outras palavras, a moral moderna requer sacrifício. Nadar contra a correnteza, contra as pulsões, os impulsos, os apetites.

Os homens, portanto, aceitam a autolimitação exatamente por compreender que sua liberdade deve, por vezes, terminar onde começa a do outro. São guiados pela certeza de que o uso da razão que define a própria vida, a própria trajetória, a própria conduta, deve levar em consideração o outro.

O que se pretende é uma substituição de referências. Para os gregos, o cosmos que nos é exterior serve de parâmetro para definir a melhor conduta, a melhor trajetória, a melhor vida. No ponto em que estamos da história do pensamento, busca-se uma nova referência que já não é exterior a nós, e sim interna, que não tem a ver com a ordem do mundo, mas com nossa liberdade pensante. Liberdade que nos autoriza a agir para além da nossa natureza.

Poderíamos então sugerir a ideia de um novo cosmos, agora não mais constituído por astros, ventos, marés e movimentos de corpos que nos circundam, mas sim fundamentado em nossa deliberação intelectiva, em nosso pensamento. É um cosmos que Kant denominará de reino dos fins — o mundo engendrado por decisões e ações livres dos indivíduos, respeitadoras das outras pessoas.

Destaque-se que esse respeito pelo outro não tem nada de natural, porque nossa natureza seria voltada para nós mesmos. E toda consideração ao outro implicaria sacrifício. Um esforço sobre si mesmo. Uma vontade que nos descola de nossa natureza egoísta, autocentrada, regida por princípios de autossatisfação e gozo.

E para que consigamos, segundo a nova referência do reino dos fins, nos descolar da nossa natureza egoísta, é preciso que essa nova grade de definição de valores se traduza e se imponha sob a forma de um imperativo, de um dever.

E você questionará: "Como assim um imperativo se estamos falando de liberdade?". Sim, um imperativo decidido pela própria liberdade. Uma regra que decidimos respeitar por princípio, ou seja, livremente.

Isso significa que nós mesmos nos impomos um certo padrão de comportamento na mais estrita liberdade. Passamos a ser respeitadores daquilo que livremente decidimos para nós.

Portanto, não há nenhuma incompatibilidade entre liberdade e imperativos. Eu, na mais estrita liberdade, decido que em qualquer momento da minha vida, independentemente dos desejos do momento, independentemente do tempo transcorrido desde a última vez que fiz sexo, da última vez que dei uma beijoca, decido que... E aí vem um imperativo derivado da liberdade.

E por que a necessidade de um imperativo ou de um dever?

Porque justamente esse respeito pelo outro nada tem de natural. Justamente porque ele não é uma obviedade, uma evidência. Porque se deixássemos a vida nos levar, se deixássemos a coisa correr solta, se não nos vigiássemos invariavelmente, nos deixaríamos escravizar por nossos apetites, pela busca daquilo que carece ao nosso corpo.

Assim, a boa vontade resulta de um esforço intelectual que transcende as inclinações da natureza e almeja uma convivência de respeito pelo outro com base em princípios que são, de um lado, com pretensão de universalidade e, de outro lado, desinteressados.

* * *

[JÚLIO] Concordo com você, Clóvis. Nesse aspecto, a ruptura entre o pensamento antigo e o pensamento moderno praticamente não existe.

É como você colocou: o esforço — chamado de *enkrateia* pelos gregos, que também pode ser traduzido como o esforço de si para consigo mesmo, aquele empenho típico das pessoas disciplinadas, mantém-se como uma espécie de imperativo moral das condutas.

É preciso ter esforço para domar-se. Encontramos discursos que ressaltam essa necessidade de esforço para consigo mesmo em Platão e nos discursos religiosos medievais. E a modernidade, nesse aspecto, não será exceção.

Mas, como você colocou, as justificativas do esforço mudam. Em especial quanto à ideia de natureza. Agora, a ideia de liberdade prevalece sobre uma concepção cósmica de natureza.

O universo deixa de ser considerado algo finito e, portanto, ordenado em sua finitude, e passa a ser considerado algo infinito. Se não há uma natureza cósmica, talvez sequer exista uma natureza humana que nos constranja a agir de determinada maneira; e, ainda que existisse uma natureza, ela não teria força suficiente para se impor sobre a nossa razão.

Portanto, no mínimo, o que teríamos de dispositivo de atuação livre seria a nossa razão. A modernidade, então, de certa forma, consagrará a ideia de uma razão livre, de uma razão autônoma, também do grego *autonomos*. *Auto*, si mesmo. *Nomos*, lei. Uma razão capaz de criar a lei para si mesma. Mas ainda assim o conflito entre os afetos, as paixões e a razão permanecerão.

Dois autores podem nos ajudar a compreender isso melhor.

O primeiro é o inglês Thomas Hobbes. Ele acreditava que, como não há um cosmos organizado por Deus, ou, como prefere o pensamento religioso, uma natureza divinamente organizada a partir de leis criadas por esse legislador onipotente, onisciente e infinitamente bom, então não seria possível também falar de uma moral natural.

Aquilo que chamamos de moral só poderia ser algo inventado. É coisa nossa. Não é coisa de Deus nem da natureza. Mas a troco de que nós inventaríamos a moral?

Hobbes acreditava que, por natureza — e aqui me refiro à natureza no sentido mais restrito mesmo, de lugares selvagens —, o homem obedeceria, por constrangimento físico, única e exclusivamente a uma lei: a da força dos animais uns sobre os outros.

Porque, afinal de contas, a natureza tal qual se percebe se mostra organizada numa luta eterna entre presas e predadores. De maneira tal que parece haver uma hierarquia determinada pela potência do corpo de cada um dos animais.

E assim, na luta do coelho contra o leopardo, mil embates, mil vitórias do leopardo. A natureza foi cruel com o coelho, não o dotando de armas capazes de fazer frente ao leopardo. Ao coelho só resta a fuga, só lhe restam pernas ágeis e o hábito de entocar-se para se esconder de seus predadores.

Ora, onde estaria o homem nessa cadeia, segundo Hobbes? No topo. Carecemos de pernas ágeis como as do coelho. Também não temos garras afiadas e patas fortes e potentes como as do leopardo. Mas em compensação temos a razão, a inteligência, a astúcia. E, por isso, não precisamos encarar com nossos recursos físicos minguados o poderoso leopardo.

Criamos estratagemas, armadilhas, fabricamos armas e assim vencemos não só o leopardo, mas todos os grandes predadores da natureza. Nessa cadeia, o homem como espécie está lá em cima.

E mais. Estamos lá em cima e empatados, todos nós, com os nossos semelhantes. Porque agora aquilo que nos desiguala por natureza, as nossas habilidades, a nossa força física, a nossa inteligência, de pouco vale nessa luta. Não é preciso ser um gênio para conseguir matar alguém. Todos nós temos razão, inteligência e capacidade cognitiva suficientes para cometer um homicídio. Somos igualmente mortais uns com relação aos outros.

Por um lado, somos livres, porque não há uma lei na natureza que nos constranja e, por outro lado, somos iguais, porque temos igual capacidade homicida.

Mas esse mundo de homens livres e iguais é ruim, porque ele é sem regras, sem lei, sem moral, sem sociedade; nele, cada um de nós age única e exclusivamente de acordo com os nossos desejos absolutamente singulares.

Cada um de nós disputa contra todos os outros bens igualmente desejáveis e escassos, em uma guerra de todos contra todos, cada um por si. Mas, para você que luta sozinho, esse monte de indivíduos é um verdadeiro exército contra o qual você não tem aliados.

Em que poderia resultar o embate de um indivíduo sozinho contra todos os outros? Certamente em morte violenta. Esse final doloroso, acreditava Hobbes, é uma ideia que você pode antecipar. E, quando o fizer, concordará que as consequências da liberdade e igualdade não são das melhores. E essa percepção da sua situação despertaria um afeto: o medo.

Para Hobbes, toda moral é consequência de um afeto, de tal maneira que tenderíamos a dizer que algo é bom só porque nos alegra e que algo é ruim só porque nos desagrada ou nos entristece.

Mas, para que haja a moral, ou seja, todos nós cooperando pela manutenção de normas inventadas, seria preciso um afeto comum, uma ligação afetiva qualquer que nos unisse, que nos igualasse. Ele acredita que esse afeto é o medo da morte violenta.

O medo que seria igualmente medonho para cada um de nós, que seria capaz de nos fazer abrir mão da liberdade e da igualdade naturais. Por medo da morte violenta, abriríamos mão da liberdade e da igualdade. Abriríamos mão da liberdade para viver em sociedade, aceitando a existência de regras que tornem a convivência possível, que eliminem a guerra de todos contra todos.

E, abrindo mão da igualdade, instituiríamos alguém como sendo mais forte do que nós, como soberano, como Estado, para que tivesse a função de manter a ordem social, de impedir o retorno à situação de liberdade absoluta e caótica geradora da morte violenta.

Para Hobbes, a moral nasce de uma escolha racional, mas provocada pelos afetos, e que tem como condição de sua manutenção a existência desses afetos. São os afetos que determinam o modo como atribuímos valor não somente à liberdade e à igualdade, mas a todas as outras coisas.

Há também um pouco de razão a interferir nessa ponderação sobre o valor das coisas, mas Hobbes acredita que a razão esteja a serviço da vida possível, da convivência, da autopreservação, enquanto os afetos seriam manifestações puramente egoístas. Para Hobbes, portanto, a moral tratar-se-ia de uma imposição de razões públicas sobre emoções privadas.

Outro autor que eu queria destacar é Jean-Jacques Rousseau, por quem Kant nutria assumida admiração.

Rousseau, ao contrário de Hobbes, não tinha uma visão tão sombria assim do homem. Pelo menos, não à primeira vista. Ele vê tanta iniquidade no mundo, tanta violência, tanta vilania e se pergunta: "O que foi que aconteceu? O que nos fez assim?".

Como homem moderno, ele não aceitaria simplesmente que Deus nos tivesse feito com tais vícios. Como homem religioso, ele também não poderia aceitar que Deus fosse o responsável pelo mal.

Rousseau vai desenvolver esse problema a partir de um concurso literário de que participou na academia de Dijon que propunha o seguinte tema: será que as ciências e as artes têm nos tornado pessoas melhores?

Eis um dilema ético interessante. Vemos as ciências e a tecnologia avançando. Imagine nossa capacidade tecnológica de produção de alimentos. Graças à ciência e à tecnologia conseguimos produzir alimentos em solo até pouco tempo considerado infértil. Conseguimos produzir legumes e frutas cada vez maiores. E, se por um lado, cada vez mais aumentamos nossa capacidade de produção de alimentos, por outro, mais o mundo parece encarar a fome. Então, de que adiantaria todo esse aparato tecnológico se nós, os criadores e aplicadores dessa tecnologia, continuamos os mesmos seres mesquinhos?

Provocado por essa questão, Rousseau dirá o seguinte: nós todos temos dois princípios inatos que moldam o nosso espírito. Um deles é a razão, entendida como a capacidade de cálculo estratégico, ligado à sobrevivência. Mas há outra disposição, a piedade, explicada por ele através de exemplos.

O que seria a amizade e o amor senão uma forma de piedade? A piedade é tida por Rousseau como um afeto altruísta. Afeto nutrido pelo outro. O mesmo ser humano que tanto nos desencanta, se mostrando capaz das mais terríveis vilanias, é o mesmo que nos encanta quando se mostra capaz de atos heroicos. É alguém capaz de matar, mas é também alguém capaz de dar a vida por uma pessoa que não conhece.

A imagem de um homem egoísta, que só por medo criaria a moral, parece a Rousseau reducionista demais. Não explicaria a complexidade inerente ao nosso comportamento, as nossas disposições racionais e afetivas.

Para ele, se agíssemos em conformidade com nossa natureza racional e piedosa, agiríamos todos de forma bastante razoável. O estado de natureza não seria um estado de guerra de todos contra todos. Seria a vida do bom selvagem, harmonioso com a natureza e com seus semelhantes. Mas nós não somos assim, e não o somos porque nos tornamos outra coisa. Rousseau acredita que nos tornamos seres mesquinhos como consequência de uma triste história.

Tudo começou quando alguém inventou a propriedade privada e disse: "Isso é meu". E assim foi estabelecida a escassez do que antes a natureza disponibilizava em abundância. Escassez provocada por um ato de ganância.

A partir desse ato de ganância inventamos todas as outras coisas que nos tornam seres desiguais e conflitantes. Aqui Rousseau se refere à desigualdade social. Inventamos ricos e pobres, antes inexistentes.

As desigualdades que causam nossos conflitos não são as desigualdades naturais. Nossos conflitos não são necessariamente os conflitos dos fisicamente fortes contra os fracos. É a opressão do socialmente forte contra o socialmente fraco. Força social que não é natural, e sim inventada.

A vida ruim, indigna, seria essa vida inventada a partir da propriedade da natureza. Seríamos todos escravos das desigualdades que nós mesmos inventamos e, como inventores de tal opressão, poderíamos reinventá-la em outros termos.

O que o filósofo propunha não era uma revolução, mas uma transformação dos costumes através da educação. Uma transformação em que a razão e a piedade se imporiam sobre as falsas ideias. Razão e piedade criariam leis morais.

Rousseau explica que tal lei moral seria produto da vontade geral, que, para ele, não corresponde à vontade da maioria, tampouco à vontade de todos. A vontade geral seria uma vontade ideal. É o querer ideal, a deliberação moral que qualquer um de nós teria se o fizesse movido por razão e piedade ao mesmo tempo, e não apenas por uma razão que inventa formas de oprimir, abrindo mão de sua piedade.

A obediência à lei em função da razão somada à piedade não seria um ato de submissão, mas de liberdade. Quanto mais a sociedade possuísse leis, jurídicas ou morais, oriundas dessa vontade geral, mais livres seríamos, mesmo quando nos opuséssemos a essas normas, mesmo que fôssemos obrigados a segui-las.

Se não as obedecemos por vontade própria, a ponto de ser necessária a força para nos constranger, é porque somos capazes de agir contra a nossa piedade. Impor a lei fruto da vontade geral seria impor sobre nós a nossa própria natureza.

Como escrevemos há pouco, num mundo pensado como o cosmos, o animal no seu hábitat tem a vida que vale a pena. Lá ele se desenvolve, ele floresce. E, fora do hábitat, entristece e perece. Nosso hábitat é a convivência racional e piedosa, mas, capazes que somos de viver fora do nosso hábitat, é como se teimássemos e não percebêssemos com facilidade que deveríamos viver a vida com razão e piedade.

E nos obrigar a isso seria como levar um animal de volta ao seu hábitat, um animal já desacostumado a ele. Animal de zoológico que é reintroduzido na selva e que, num primeiro momento, a estranha.

Ambos os autores modernos, tanto Hobbes quanto Rousseau, falarão de uma moral inventada, criada por uma deliberação racional, mas essa razão não aparece completamente divorciada dos afetos.

Divorciar os afetos da razão é um problema do pensamento moderno. Uma dificuldade a ser enfrentada. Alguns apresentam soluções mais convincentes do que outros, mas nenhuma das soluções parece resolver o dilema de que, se somos seres racionais, por que tantas vezes desprezamos essa mesma razão? Se somos seres piedosos, por que tantas vezes agimos impiedosamente? E vice-versa: se somos maus e irracionais, como explicar a piedade, os heroísmos e o bom senso?

PARTE II — INTERVENÇÃO IX

[CLÓVIS] O exposto pelo colega me faz pensar nas seguintes situações. Imaginemos a mãe que amamenta o seu bebê, o pai que leva sua filha de 12 anos à escola e o marido que raspa a maçã para que a esposa impossibilitada de engolir pedaços inteiros da fruta possa se alimentar.

Três situações: a amamentação, a condução e a alimentação terapêutica. Poderíamos imaginar que a mãe que amamenta seu filho o faz pelo dever de alimentar sua cria; o pai que conduz a filha à escola o faz pelo dever de prover-lhe educação; e o marido que raspa a maçã o faz pelo dever conjugal.

Mas se sugeríssemos a essa mãe, a esse pai e a esse marido que suas iniciativas são movidas pelo dever, talvez houvesse discordância. Os três responderiam "não". "Eu amamento por amor." "Eu conduzo minha filha à escola por amor." "Eu raspo a maçã por amor."

Em outras palavras, esses gestos, essas condutas, essas ações teriam acontecido sem que seus agentes cogitassem sobre um eventual dever. Por isso, para Kant, essas ações não seriam propriamente morais.

Não que os três indivíduos citados tenham agido de maneira completamente instintiva. Talvez a mãe tenha pensado no melhor lugar para dar de mamar. Talvez o pai tenha pensado no percurso até a escola com menos trânsito e o marido tenha pensado no talher ideal para a raspagem da maçã.

Nos três casos, houve pensamento, intelecção. Mas esse pensamento não incluiu fórmulas de obrigação como "eu tenho que amamentar", "eu tenho que levar a filha à escola", "eu tenho que raspar a maçã". Aqui o amor substituiu o dever.

Essa reflexão nos permite esclarecer a relação preciosa entre o amor e a moral. O primeiro é sentimento; o segundo, pensamento. Não que no ato de amar não haja momentos de intelecção. Não que no respeito aos deveres morais não haja momentos de afeição.

Mas a mãe que dá de mamar ao bebê o faz porque a alegria do seu filho conta demais para ela. O pai que leva a criança à escola o faz em nome do futuro imaginado da sua cria, das alegrias a viver não só naquela manhã de atividade escolar como também num desenvolvimento intelectivo proporcionado pela escola, que permitirá conquistas futuras. E o marido que estende a colher e permite à esposa alimentar-se, isso nada tem a ver com obrigação.

O que há de curioso é que existe a possível coincidência entre o que indica um dever moral como comportamento e o que indica o amor como comportamento. Poderíamos assim estabelecer um paralelo entre a conduta daquele que age por amor e a conduta daquele que age por um princípio que se obriga a respeitar.

Talvez, por isso, só o amor garanta essa conformidade da intenção que motiva o ato com o espírito de uma lei moral. Só o amor parece assegurar a unidade da inclinação natural amorosa com a finalidade moral. O amor, quando ele existe, torna inútil a obrigação de se submeter a prescrições imperativas.

Veja o que diz Mateus 6: "Privem-se de praticar vossa justiça diante dos homens para ganhar junto a eles destaque, porque desta forma não terão nenhuma recompensa junto a teu Pai, que está nos céus. Assim, quando der esmola, não faça como os hipócritas, almejando ser glorificados pelos homens. Para você, quando der esmola, que tua mão direita ignore o que faz a mão esquerda. Assim que tua esmola seja secreta e teu Pai que vê no segredo te devolva".

É por isso que, quando a mãe ama o bebê, a lei que recomenda amamentação é desprezível. Quando o pai ama a filha, a lei que recomenda a educação é inútil. Quando o marido ama a esposa, a lei que recomenda cuidados terapêuticos é desnecessária.

Poderíamos até dizer que, se amássemos as pessoas como amamos nossos filhos pequenos, é bem possível que tribunais, polícias, exércitos e instrumentos de conflito e agressão fossem completamente desprezíveis.

Hegel, num texto intitulado *O espírito do cristianismo e seu destino*, comenta o que acabamos de sugerir da seguinte forma: "Na descrição deste reino dos céus não figura a supressão das leis, mas elas devem ser respeitadas por uma justiça que seja outra e mais total do que a justiça da fidelidade ao dever".

A incompletude das leis encontra sua plena realização. Jesus mostra o princípio dessa realização para muitas leis. Esse princípio mais rico pode ser chamado de "inclinação a agir como as leis indicariam", a unidade da inclinação e da lei graças à qual esta perde a sua forma de lei. Essa concordância com a inclinação é chamada de *pleroma* — preenchimento da lei.

* * *

[JÚLIO] O exemplo da mãe que amamenta o seu bebê trouxe à tona a lembrança de uma colega que pesquisava maternidade. Uma das atividades da pesquisa era conversar com mães de crianças que possuíam uma doença genética incapacitante, crianças que por causa dessa doença requeriam cuidados constantes todos os dias. Era como ter em casa uma criança doente pelo resto da vida, com noites em claro pelo resto da vida.

A essas mães era informado que a doença genética era transmitida pelo DNA mitocondrial, que vem da mãe. Portanto, eram mães que muitas vezes se sentiam culpadas por terem trazido ao mundo crianças com essa condição. Mas quando elas falavam de como era sua vida cuidando daquela criança, sempre destacavam o amor que sentiam pela filha ou pelo filho. "Uma criança que eu amo muito. Minha vida mudou completamente por causa dela. Não importa que ela seja assim. O que importa é que amo essa criança do jeito que ela é", diziam as mães.

A entrevista continuava com outras perguntas. Uma das últimas era: " Você quer ter outro filho?". A essas mães também era informado pelos médicos que a chance de gerar outro filho com a mesma doença era de 50% — um risco altíssimo em termos estatísticos. Todas elas diziam: "De jeito nenhum. Não quero ter outro filho".

É uma condição curiosa porque, por um lado, afirmavam amar os filhos e que o nascimento deles era a melhor coisa que tinha acontecido em suas vidas, mas, quando perguntadas se elas se aventurariam a ter outro filho, mais uma dessa coisa maravilhosa que acontecera nas suas vidas, coisa maravilhosa em dobro, sem titubear respondiam "não".

Quando se referiam ao amor nas primeiras perguntas, falavam em conformidade com determinadas normas sociais que dizem que a mãe tem que amar os filhos. Amor por obrigação. Amor que é lei imposta. Por outro lado, quando se requeria alguma manifestação típica desse pensamento, desejar outro filho, por exemplo, a resposta era de desamor afetivo por aquela situação.

Então, pode haver no amor uma espécie de confusão entre afeto e norma. No caso do meu exemplo, uma conversão numa norma social. Mas essa conversão acaba gerando como resultado para aquelas mães ações em conformidade com o amor. Ainda que sofram pela condição do filho e delas próprias, ainda que não tenham de fato um afeto amoroso pelo rebento, agem como quem afetivamente ama.

Também pode ocorrer o contrário. Conversão da norma em afeto. Pelo fato de a sociedade consagrar um amor incondicional de mãe pelo filho, fazê-la aceitar uma situação de início assustadora. Com o tempo, aprende-se a lidar com as dificuldades da singular condição da criança e o afeto vem. Ama-se de verdade o filho, ainda que não se queira repetir a experiência.

Em resumo, o amor é um sentimento e, como sentimento, basta para direcionar nossa conduta. Diante dele, as regras são dispensáveis. Se todos nós nos amássemos, não precisaríamos de regras que punissem os comportamentos agressivos. Não precisaríamos de código penal dizendo que homicídio é crime. Não precisaríamos de tantas leis regulamentando tantas coisas.

Se as temos é porque esse amor incondicional pelo outro nos falta. E em nos faltando são necessárias as leis. Nietzsche acreditava — com razão — que as leis não são as virtudes de um povo, mas o rol de suas iniquidades.

Quando agimos em obediência às leis, e não por um afeto, não por uma disposição legitimamente afetiva, mas por uma escolha moral, talvez não sejamos merecedores da salvação divina, e sim de aplausos sociais. Somos merecedores da não intervenção punitiva das leis penais, ao menos.

Essas normas que obedecemos não são atitudes amorosas, mas traduções normativas do amor. A pessoa que obedece a uma norma só porque é norma, por uma escolha moral, e não por um afeto, age inequivocamente como quem ama. Portanto, tem-se aí nessa norma uma espécie de moral de imitação. Moral que não se confunde com o sentimento, mas que nele se orienta. O amor é o norte da bússola moral.

PARTE II — INTERVENÇÃO X

[CLÓVIS] Excelente imagem, a da bússola moral. Uma vez que o mundo moderno não é mais como pensavam os antigos, em ordem, harmonia e eternidade, constituído por partes com finalidades específicas e complementares. Pelo contrário.

Tudo que há dentro dele está à deriva, ao sabor de uma dinâmica sem destino algum. Uma bagunça de deslocamentos e choques, de energia que atravessa corpos viventes, de relações e impactos, de devir e deixar de ser na contingência de encontros que se impõem. E tudo isso sem nenhuma finalidade ou projeto, nenhum funcionamento, nenhuma parte constitutiva com papéis a desempenhar.

Abandonamos, assim, a ideia de um mundo fechado, circular, hierarquizado, ordenado e finalista para um mundo desprovido de centro, de circunferência, de hierarquia, de ordem e sem nenhuma finalidade.

O livro do filósofo e historiador francês Alexandre Koyré, *Do mundo fechado ao universo infinito*, mostra em detalhe a mudança de paradigma, a substituição de uma visão de mundo por outra — a revolução completa de perspectiva que significou a passagem do universo de Aristóteles para o de Newton.

No mundo de Aristóteles, cada lugar, cada posição e cada agente tem o seu valor em função de sua própria natureza, e os lugares se situam uns em relação aos outros de maneira absoluta, isto é, independendo de pontos de vista de quem os observa.

Assim, a compreensão do valor de cada parte, de cada lugar, de cada posição e de cada ocupante dessa posição implica o prévio entendimento do funcionamento do todo e a efetiva participação de cada parte nesse funcionamento.

O pensamento moderno substituirá esse mundo circunférico, fechado e hierarquizado por um mundo infinito. E, no momento em que o mundo se torna infinito, ele desaparece como referência. Não há como se situar em relação ao resto, muito menos em relação ao todo.

Imagine uma sala de cinema. Você compra ingresso com cadeira marcada, que lhe permite se encontrar por meio de letras e números. Você está na quarta fileira a contar a partir da tela, fixada na parede da sala — portanto, uma referência útil para você contar as quatro fileiras. Sua cadeira fica a cinco colunas do corredor, outra referência.

Sendo assim, a partir da tela você anda quatro e, a partir do corredor, cinco. Finalmente, toma seu assento. Mas só consegue fazê-lo por causa da tela e do corredor — balizas indispensáveis para se situar na sala de cinema.

Agora imagine uma sala de cinema sem fim, com cadeiras para a frente e para trás sem a fileira A e a coluna 1, sem lugar para a tela. Uma sala sem parede, sem corredor. Todos servem de começo e são incompatíveis com o infinito. Nesse caso, admita, não há como localizar sua cadeira. Como achar a quarta fileira sem a primeira? O mesmo para as colunas. Se o mundo é infinito, ele não indica mais nenhuma posição. Fica sem sentido cogitar um lugar natural. Assim é o novo universo moderno de Newton.

O professor Júlio Pompeu dirá: "Mas eu moro em Vitória, no Espírito Santo, no Brasil, na América do Sul, no planeta Terra. Não estou tão perdido assim". Continuemos, então. Você está no planeta Terra, no sistema solar, na Via Láctea.

E esta última parece ser uma coisinha insignificante, um grão de areia, cuja posição ignoramos a não ser em relação a outro grão de areia que também muda o tempo todo de lugar. E aí vem a pergunta: se você não sabe onde a Via Láctea está, como saber a posição de tudo que fica dentro dela? Tudo se desloca, portanto, do nada para lugar nenhum. Sem posição. Pois é.

A essa altura, você deve ter percebido que todos aqueles posicionamentos anteriores flutuam do nada para lugar nenhum. Simplesmente não há como se situar.

Ora, se o valor das coisas tinha a ver, para os antigos, com a posição ocupada dentro de uma ordem hierárquica de valores, desaparecendo a ordem hierárquica, todos os lugares se equivalem. E desaparecendo a distinção desaparecem os valores.

Você é obrigado a admitir que o universo não serve mais de referência para atribuir valor às coisas. Porque, se antes as coisas valiam em função da participação no cosmos, com o seu desaparecimento, não há do que fazer parte. Ficamos, portanto, sem critério.

Nesse momento, vale a pena lembrar as lições de geometria analítica do ensino médio.

Descartes ensina: para situar qualquer coisa como um ponto P precisamos nós mesmos criar referências. Preciso eu mesmo dispor dois eixos perpendiculares entre si, definir uma referência vertical e outra horizontal, coordenadas cartesianas que se cruzam no ponto zero formando um ângulo de 90 graus e tendem ao infinito. Só a partir dessas coordenadas aceitas por todos é que o ponto P se situará.

Assim, toda concordância em relação à posição de um ponto, indispensável para marcar um encontro, por exemplo, supõe um acordo anterior sobre as referências que permitem essa posição. Não poderia ser diferente. Sendo o universo infinito, nada o detém.

Portanto, o posicionamento de qualquer coisa no novo universo de Newton pressupõe que definamos nós mesmos em relação a que situar as coisas. Nós mesmos definiremos as referências a partir das quais uma coisa estará mais para a direita, mais para a esquerda, mais para cima, mais para baixo etc.

Ora, se isso é assim para o posicionamento das coisas, com maior razão seria para o posicionamento das pessoas, para a definição de suas atividades, condutas. E também de seus valores.

Afinal de contas, se antes tudo era necessariamente compartilhado pela referência única do cosmos aceita por todos — tudo o que ele continha como referência fazia unanimidade —, agora, com seu desaparecimento, é preciso colocar alguma coisa no lugar.

Mas veja a dificuldade: o cosmos era um dado universal que se impunha a todos os homens. Já nascíamos nele. Daí a sua legitimidade para definir os lugares naturais, onde e como deveríamos viver. Um guia de vida e convivência que se impunha com facilidade a todos. Indiscutível. Definido por uma instância superior. Mas tudo isso dançou.

Agora que nós mesmos definiremos as referências, assumimos o lugar de Zeus. Portanto, os valores éticos passam a depender de um entendimento que consiga se impor, ser aceito com facilidade por todos, que tenha legitimidade e seja respeitado, de modo que a convivência seja viável.

Mas a primeira coisa que deve vir à cabeça do leitor é: "Temos interesses, pretensões, desejos, apetites e gostos que não se harmonizam com facilidade. São contraditórios e excludentes". Daí o conflito. A guerra de todos contra todos.

Como, neste caso, definir referências aceitas por todos?

* * *

[JÚLIO] Eis a questão, Clóvis. Pode ser que algum leitor pense que a mudança de crença sobre a finitude do universo não passe de um problema estritamente físico, que não possa afetar nada além do modo como se observam as estrelas. Engana-se. A mudança de concepção de mundo funciona como uma espécie de princípio de organização do pensamento. Tomemos a política como exemplo.

Tanto os antigos quanto os medievais representavam o mundo social e político como um cosmos fechado, de maneira que as diferenças sociais entre ricos e pobres, nobres e plebeus não eram consideradas como o efeito dos esforços individuais ou da sorte na vida de cada um. Antes, era a consequência da natureza aristocrática assumir posições de relevância social e política, enquanto era da natureza plebeia a vida infame.

O aristocrata o é por nascimento e natureza, assim como o plebeu também o é, sem mobilidade social. Mesmo casado com um aristocrata, o plebeu não muda completamente de status social. Nada muda. Nada pode mudar, pois o mundo seria um cosmos não apenas com relação às estrelas e planetas, mas com todos os outros aspectos da natureza ou mesmo da vida social.

Com a mudança cósmica da modernidade, nascem também as representações da ordem social como consequência dos esforços individuais de cada um.

Como somos de fato desiguais em talentos e esforços e como nos esforçamos por metas variadas, a ordem social propriamente dita é o resultado não de uma preconcepção cósmica, mas de um embate de forças.

Cabe outro exemplo matemático, lembrança das aulas do professor Carlão. A ordem social passa a ser pensada como a resultante da vários vetores. Cada vetor, uma força com direção específica. Vetores equivalentes e opostos se anulam. Vetores coincidentes são somados. Aqueles que interagem obliquamente geram resultante em uma terceira direção e intensidade. Assim, a ordem social é a resultante de forças políticas e sociais ora antagônicas, ora coincidentes, ora diferentes, que geram uma terceira via social e política.

Sem ordem cósmica, os valores sociais mudam segundo o ritmo das modas. O chique de hoje vira o brega de amanhã, assim como o valoroso de hoje transforma-se no inválido de amanhã.

Não foi à toa que os primeiros moralistas e pensadores políticos modernos apelaram para a figura do contrato para explicar o novo ritmo da ordem social. Num contrato, partes concordantes criam suas próprias normas, ao contrário de uma ordem cósmica em que as normas do certo e do errado viriam do cosmos, preconcebidas e naturais, e não negociadas e artificiais.

O erro contido no contratualismo é o de imaginar que a ordem social seja o efeito real de uma negociação — pessoas à mesa ponderando calmamente sobre o que consideram certo e errado. As normas e valores são criados, sim, mas não pela negociação ponderada e racional, e sim pelo embate de forças.

Nietzsche propõe a guerra no lugar do contrato como imagem explicadora da ordem social. Como disse em um texto de juventude intitulado "Sobre a mentira e a verdade num sentido extramoral", a verdade é a centelha que nasce do choque entre duas espadas.

Podemos adaptar essa noção facilmente para a ideia de valor. Ele é a centelha no choque entre duas espadas. Fruto de embates vetoriais de ideias e forças sociais discrepantes e variadas. Como centelha, dura pouco, assim como a moda, sempre efêmera, natimorta, condenada à substituição por outra que nem sempre será melhor.

[CLÓVIS] Bem, Júlio, sugiro então consultarmos Rousseau. Autor do *Discurso sobre a origem e os fundamentos da desigualdade entre os homens*. Leitura obrigatória para todos que se interessem pela questão moral.

Nele, o filósofo de Genebra explica que um gato, qualquer um, vive ao longo de toda a sua vida, a cada segundo, controlado por seu instinto de gato. Como se nascesse com um programa de gato. Um jeito felino de viver do qual ele não escaparia um único segundo.

Logo, todas as condutas do gato estariam previstas por seu instinto. Ele tem resposta ao nascer para todas as situações de uma vida de gato. Por isso, explica Rousseau, o gato morrerá de fome, mas não comerá um prato de cereais. Pois não está programado para isso.

Da mesma forma, um pombo não comerá filé. Pela mesma razão.

Ora, o importante na lição de Rousseau é perceber que 100% da vida do gato e do pombo é regida pelo instinto. Portanto, não há nem um fiapo de liberdade em relação às suas naturezas. Não há descolamento. Há determinação. A vida é regida pelo instinto.

Assim, um pássaro só seria livre para voar na poesia. Porque, na vida que é a sua, ele é escravo do voo, vítima da sua condição, incapaz de escolher, de deliberar por uma vida estritamente terrestre.

Rousseau dirá que no caso do homem esse instinto não dá conta das necessidades da vida. Para nós, o instinto é insuficiente. Basta olhar um recém-nascido na maternidade e a fragilidade salta aos olhos. Isso não acontece com uma tartaruga que sai do ovo e é engolida pela primeira onda. Ela tartarugueia segundos depois de nascer.

No nosso caso haverá uma competência que vai além do instinto. Para sobreviver, o homem é convidado a transcender a própria natureza, o que lhe permite fazer escolhas. Ele inventa, cria, improvisa, inova, empreende. Inclusive intervém sobre a própria natureza, como no caso de homens que viram mulheres e vice-versa.

Assim, podemos dizer que existe uma parte do homem que funciona regida pela natureza em relação à qual ele não tem transcendência, que é o sangue que circula, o ar que respira, o intestino que peristalta, e existe uma parte da vida do homem que resulta das suas escolhas e decisões. Nesse último caso, o homem se descolaria da sua natureza.

Ou seja, ser-lhe-ia facultado, soberanamente, agir ou não de acordo com suas pulsões, inclinações e apetites. É exatamente essa faculdade de recuo, ponderação e reflexão sobre as próprias pulsões que lhe permite deliberar em respeito a deveres que Rousseau vai chamar de *vontade*, termo depois reaproveitado por Kant.

Então, parte da vida rodaria na mão da natureza e outra parte na mão da vontade. Parte da vida escaparia às escolhas e outra resultaria delas. Diante desse quadro, a bela frase de Rousseau em *Discurso sobre a origem* esclarece: "No homem a vontade fala ainda quando a natureza se cala". Existem situações para as quais a natureza não tem resposta e o homem reflete encontrando uma saída.

Poderíamos então identificar aí dois tipos de valor que participam da vida do homem. Os que ainda guardam a natureza como referência, como o bom funcionamento peristáltico das tripas. E os que advêm da razão prática, da vontade, dos deveres e seus imperativos.

O intestino vale quando funciona bem, e vale muito, sobretudo para quem tem prisão de ventre. Mas o valor de uma tomada de decisão, de uma escolha, de uma trajetória de vida deliberada é outra coisa.

E o leitor sabe bem disso, porque se vê constrangido, como qualquer um, a eleger a vida de cada instante e a jogar no lixo todas as outras, muitas, que lhe passaram pela cabeça. Entende bem as angústias de um ser livre e descolado.

* * *

[JÚLIO] Confesso, Clóvis, que acho interessante o modo como Platão coloca a questão da natureza humana de um lado e da liberdade existencial de outro, num diálogo intitulado *Protágoras*.

Esse diálogo é um pouco diferente dos outros textos platônicos, porque no geral Sócrates entra nos embates retóricos para vencer. E quando quem discute com

Sócrates é um sofista, aí então a vitória é acachapante. Mas nesse diálogo em especial Sócrates se mostra respeitoso para com Protágoras. Ele admira seu interlocutor.

Os sofistas ensinavam as pessoas a falar bem. Eram professores de retórica. Mais do que isso — eles até ajudavam as pessoas a se preparar objetivamente para uma discussão.

Imagine, por exemplo, que você more num condomínio e haja uma reunião na qual deliberarão sobre a criação ou não de uma taxa extra para reformar a fachada do edifício. Você tem interesse nisso porque pretende vender o seu apartamento, e com fachada reformada o seu imóvel se valorizará. E aí você, se grego fosse, procuraria um sofista e diria: "Quero que aceitem a taxa extra. Ajude-me a criar argumentos que sejam convincentes. Ajude-me a imaginar que perguntas e ideias seriam opostas aos meus argumentos para que eu possa me antecipar e preparar respostas na ponta da língua para ter um bom desempenho, para ser convincente".

O sofista é aquele que empodera pessoas, fornecendo-lhes técnicas para prevalecerem sobre as outras, independentemente do fato ou das ideias que defenderão serem justas, boas, verdadeiras. Por esse motivo, Sócrates e Platão detestavam os sofistas.

Mas Protágoras é diferente porque não dava aulas para qualquer um. Era seletivo. Não está nessa apenas pelo dinheiro. Tem uma causa. Protágoras é um democrata radical.

Acredita, por princípio, que os homens são iguais. Platão discorda dessa ideia. Como bom elitista, ele acha que algumas pessoas são melhores do que outras, porque umas têm vida mais em conformidade com o ideal do que outras. As pessoas que são melhores deveriam governar e fazer as leis, porque assim, feitas por pessoas boas, as leis seriam igualmente boas. Aqueles outros não tão bons que obedecessem às leis boas. Se as obedecerem, terão vida muito melhor do que aquela que teriam caso resolvessem se deixar governar pelas próprias razões. É o embate, portanto, entre uma perspectiva democrática e uma perspectiva aristocrática.

Nesse diálogo, para justificar a democracia, Protágoras conta uma história de como nós fomos criados. Diz ele que antigamente os deuses lutavam uns contra os outros. De um lado, deuses olímpicos, porque no Olimpo têm sua morada. Do outro lado, deuses das profundezas, habitantes do Hades.

Os primeiros defendem o cosmos, que em grego significa *ordem*. São, portanto, deuses organizadores, que querem ordenar a natureza, fazer dela uma espécie de relógio suíço onde tudo se encaixa, tudo funciona, tudo se inter-relaciona harmonicamente. Já os segundos são o oposto. Deuses desorganizadores, amantes do caos, sabotadores de relógios suíços.

Uma vez vencida a guerra pelos deuses olímpicos, Zeus impõe sua ordem sobre o mundo e assim faz o cosmos. Desde então, no mundo cósmico, tudo tem o seu devido lugar, tudo tem a sua funcionalidade, tudo acontece da maneira programada para acontecer e com uma regularidade irritante.

Zeus termina sua obra e chama os deuses: " Venham ver". Os deuses olham e dizem: "Nossa, Zeus, está muito bonito! Tudo bem que poderia ter caprichado mais num lugar ou outro, mas o fato é que no geral está muito bonito. Lindo! Mas tem um problema: é chato. Muito chato. Porque é uma constante. É uma ordem só. É o vento ventando do jeito que sempre venta. Suas estações se sucedendo do jeito que sempre se sucedem. Tediosa ordem. Imutável e infinita. Não dá para animar não, Zeus?".

Este responde: "Sim, criando mortais". Os deuses questionam: "Mas por que mortais?". Acompanhe o raciocínio de Zeus.

Se o projeto é criar coisas engraçadas e risíveis, é risível e engraçado aquilo que é imperfeito, aquilo que surpreende, que é, portanto, inconstante. Ninguém ri de piada cujo final já se conhece. Acontece que coisas inconstantes e imperfeitas não são dignas da eternidade. Imagine você sentado numa cadeira muito desconfortável. Você torce para o desconforto passar logo. Não é cadeira digna da eternidade. Vale o mesmo para todas as demais imperfeições. Coisas imperfeitas têm que perecer. Por isso, mortais.

Zeus, então, chama alguns deuses de primeira linha para produzir matérias-primas ou atributos como casco duro, dentes afiados, garras poderosas, marfins. Em seguida, convoca dois deuses de quinta categoria, os irmãos Prometeu e Epimeteu.

São irmãos de baixa hierarquia no mundo dos deuses que trazem no nome o radical *metis*: inteligência, pensamento ou astúcia. O *pro* de Prometeu significa anterioridade. Prometeu seria aquele que pensa antecipadamente ou é esperto. *Epi* de Epimeteu é o contrário de pro, portanto, posteridade. Epimeteu é aquele que pensa depois. Ou, se preferir, retardado. Um irmão esperto e outro retardado. Uma dupla para montar os mortais a partir dos atributos.

Da união de um esperto com um retardado, você já pode imaginar o que acontece. O esperto diz: " Vai montando aí que eu vou dar um rolé". Epimeteu assente. E começa a montar os bichos. Junta meia dúzia de atributos. Corpo molenga com casco duro, vou chamar de tartaruga. Vou pegar esse outro casco, dar uma puxadinha pra cima e chamar de jabuti. Esse outro vou pegar pescoço grande, cabeça pequena para compensar, duas anteninhas em cima, amarelo para chamar a atenção, faltou alguma coisa... manchas marrons: chamarei de girafa! E assim vão sendo feitos os animais.

No final, Prometeu volta e ouve do irmão: "Há um problema, gastei todos os atributos e ainda falta um bicho a ser feito. Chama-se homem". Prometeu vê a situação desse bicho sem atributos e, por isso, sem a menor condição de sobrevivência na natureza. Sem casco duro, qualquer pedra incomoda, não consegue andar. Sem couro resistente, qualquer coisa o arranha. Sem pelos, qualquer frio o congela. Sem garras afiadas, até um tatu o domina. Bicho fraco. Ridículo.

Mas é a única coisa que cabe a Prometeu fazer. Então, ele rouba dois atributos não planejados originalmente para constituir mortais, dois atributos divinos: a astúcia de Atena e a engenhosidade de Hefesto ou Hefaistos — Vulcano, na versão latina. Um deus engenheiro e uma deusa guerreira. A astúcia do guerreiro e a engenhosidade do engenheiro. Esses são os nossos atributos.

Os outros animais, que possuem atributos conforme o plano original, têm também um lugar na natureza para existir. E por isso a tartaruga, com seu casco e suas patinhas com guelras, consegue nadar. Seu corpo se adapta ao ambiente. É lá que a tartaruga se desenvolve. O animal possui atributos, uma vida ordenada, regulada, um modo preciso de existência, como se tivesse um chip existencial que lhe permitisse sobreviver bem em determinado ambiente, um lugar físico do cosmos. Tudo isso determinado por seus atributos. Fora do hábitat, ele perece.

Já o homem, com esses dois atributos roubados, é diferente. Ele não tem hábitat. Qualquer lugar para ele serve, porque dispõe da engenhosidade de Hefesto e com ela é capaz de moldar o hábitat, a sua condição. Portanto, se o lugar tem pedras pontiagudas, fabricamos sapatos, colocamos asfalto ou azulejos. Se o lugar é muito quente, construímos abrigos. E se o calor aumentar instalamos ar-condicionado. Submetemos o ambiente à nossa vontade. Moldamos o ambiente à nossa natureza.

Enquanto os animais também lutam uns contra os outros, numa ordem de presa e predador a partir de seus atributos, nós não. Estamos livres dos atributos. Entre nós, a regra são os embates astuciosos. E não é preciso muita astúcia para prevalecermos uns sobre os outros — astúcia esta sem natureza existencial, porque nossa vida é regida pela astúcia; sem natureza física, pois a engenhosidade é que nos governa.

Somos seres completamente sem natureza. Sem natureza comportamental e sem natureza física de existência. Existencialmente livres. Sem regras. Por isso, a democracia fazia sentido para Protágoras. Porque, sendo livres, não temos regras de existência.

As regras são inventadas democraticamente por todos nós. Nós que vivemos e somos tanto astuciosos quanto engenhosos seríamos também capazes de criar regras para a nossa existência. E não existiria uma regra certa ou errada. Ele não comunga com Platão da ideia de uma metafísica onde existam valores ideais. Desse modo, qualquer coisa decidida vale, desde que corresponda ao acordo dos muitos que deliberaram por isso, desde que a maioria tenha aplaudido.

A regra não teria um valor intrínseco. O valor dela é uma consequência da atribuição de vontades que se encontram. Na perspectiva de Protágoras, rejeitada por Platão, temos a antecipação da ideia moderna de um mundo sem metafísica, sem o lugar dos ideais. Um mundo onde há vontade. Não só uma vontade que cria regras morais, mas uma vontade que também atribui valor e significado às suas coisas.

PARTE II — INTERVENÇÃO XII

[CLÓVIS] Na *Crítica da faculdade de julgar*, por exemplo, livro que trata da estética, Kant propõe uma comparação entre a arte e o trabalho das abelhas na hora de produzir o mel.

Para muitos, observa Kant, essa produção apiária é manifestação artística. E a justaposição dos favos de mel, uma autêntica obra de arte. Sinceramente nunca reparei direito se há alguma beleza nos favos de mel, que sempre preferi degustar como goma de mascar.

Lembro de *O cravo e a rosa*. Julião Petruchio (Eduardo Moscovis), pequeno produtor rural, a novela inteira provocou sua esposa Catarina (Adriana Esteves), burguesa e filha do banqueiro Batista, chamando-a de favo de mel.

Acho que a arquitetura das casas do pássaro joão-de--barro é um exemplo muito melhor.

Kant, amparado em Rousseau, nos explica que chamar as coisas da natureza de obra de arte é uma impropriedade. A criação artística requer liberdade. Ausente tanto na abelha quanto no joão-de-barro. Os animais são uma espécie de instrumento executivo entre o seu instinto e o resultado da sua ação.

É verdade que os produtos da natureza às vezes fazem lembrar uma obra de arte. Aí a gente se sente até tentado a utilizar esse termo para aquilo que é visto no mundo natural. Então, a geometria daquela produção das abelhas que encerra o mel é para muitos uma maravilha da natureza que competiria com as produções humanas.

Ainda assim, a lição de Kant é clara. A obra de arte não se define pelo resultado final da produção artística, e sim pela maneira como é engendrada pelo seu produtor artista.

O resultado final dos movimentos da natureza pode ser um espetáculo de grande beleza, fazer gozar ou chorar. Mas não é esse o ponto. Ao se movimentar e transformar o mundo, as forças da natureza o fazem na inexorabilidade, regidas pelo princípio da necessidade. Isto é, necessariamente daquele jeito. A abelha e o joão-de-barro são meros instrumentos de uma programação natural, vítimas de suas próprias disposições instintivas.

Se compararmos o instinto e a inteligência humana, do ponto de vista da beleza de suas realizações, o primeiro pode até superar o segundo. Mas o resultado final da sua obra não é antecipado imaginativamente. Não há uma representação do que será produzido. Portanto, não há uma escolha de meios para alcançar o resultado imaginado.

Já o homem antecipa o resultado final entre várias alternativas de instrumentos e escolhe a mais adequada para alcançar o resultado imaginado.

Tal proposta me faz lembrar de Miguel de Unamuno, no seu lindo livro *Do sentimento trágico da vida*. Acabei de dizer que o homem antecipa o produto final da sua obra por meio de uma representação e que isso não acontece com os animais.

Unamuno, então, indaga: como podemos saber? Não pode haver certeza alguma. Trata-se, portanto, de uma suposição. Apenas isso. A frase é conhecida:

"Quem garante que um caranguejo não resolve uma equação de segundo grau mais rápido do que nós?" E ele tem toda a razão. Como podemos afirmar que só nós temos competência imaginativa?

De certa maneira, Kant aceita isso ao concordar que nada impede que um animal represente o resultado final da sua obra na imaginação. Mas observa que, no caso do homem, além dessa representação, há uma reflexão, uma consciência do procedimento, do protocolo, da ação, que conduz ao resultado final. E é essa consciência que Kant não aceita que possa haver na produção animal.

A discussão vai longe. Unamuno perguntaria de novo: "Quem garante que um animal, na hora de realizar sua obra, não tenha plena consciência de cada gesto, de cada ação?".

Quando você vê um joão-de-barro fazendo sua obra, que é a sua casa, com compartimentos internos, com divisórias, uma parte superior destinada às crias, quem pode garantir que na imaginação daquele pequeno animal não haja consciência dos gestos que levam àquele prodigioso resultado final?

Bem. Deixemos Unamuno para os provocadores. Empenhei-me em mostrar a herança de Rousseau em Kant. Para Kant, a produção de uma obra artística resulta da capacidade de decidir, de deliberar, de escolher meios para alcançar fins, e, portanto, a obra de arte transcende a natureza, razão pela qual ela é um produto da vontade, como queria Rousseau.

* * *

[JÚLIO] Sem dúvida, Clóvis. Uma coisa curiosa em Kant é que ele não é um inovador na história do pensamento ao pressupor a possibilidade de a razão suplantar os afetos, imperando assim sobre a conduta humana. Platão e outros tantos acreditavam nessa possibilidade. Mas Kant inova a partir dessa premissa. Cria um sistema moral em que a razão tem um papel radical, por ele chamada de *razão pura*. Para entender essa razão, o porquê de sua pureza, é preciso diferenciá-la de outros dois conceitos possíveis de razão.

O primeiro deles é o de razão prática — razão que tem por finalidade uma conduta, um resultado, que é cálculo entre meios e fins, razão que seria ponderação sobre custos e benefícios.

O segundo também é em certa medida voltado para uma finalidade, mas essa finalidade não é propriamente um acontecimento, um ganho, um movimento. Essa finalidade é a satisfação de um afeto. Portanto, uma razão a serviço dos afetos. Uma razão consequente e governada pelos afetos. Penso de tal maneira racional única e exclusivamente porque essa razão seria a manifestação de um afeto. Penso dessa maneira racional única e exclusivamente porque o afeto assim determina. Isso, na psicanálise, é chamado de *racionalização*. Uma razão que seria, portanto, apenas uma forma socialmente aceitável de manifestação de um desejo.

Para diferenciar bem essas duas razões daquilo que Kant chamava de razão pura, trago o exemplo do mulá, espécie de sacerdote e juiz islâmico, figura religiosa a quem se atribui também a autoridade de julgar.

Ele anda tendo ao seu lado um mulazinho — aprendiz, estagiário, *trainee* de mulá, que tenta aprender pelo exemplo do mestre. Certo dia, aparecem dois homens que discutem a compra de um camelo. Procuram o mulá.

O primeiro se dirige a ele e diz: "Seu mulá, Mohamed é um canalha, não presta. Combinamos de ele me vender um camelo, me entregou um dromedário, combinamos um valor X, eu entreguei a quantia acertada". Enfim, ele conta uma história com começo, meio e fim, muito bem concatenada, uma história plausível do que aconteceu. Quando ele termina o relato muito bem contado, o mulá diz: "Você tem razão".

Num primeiro momento o mulazinho pensa: "Nossa, ele nem ouviu o outro ainda e já disse que esse primeiro tem razão. Mas vou ficar quieto porque sou mulazinho. Talvez a compreensão venha depois".

Aparece o segundo, que conta uma história completamente diferente daquela contada pelo primeiro, mas tão plausível e aceitável quanto. Tão bem contada quanto a primeira: "Não foi camelo, não, seu mulá, foi dromedário mesmo, e o valor era outro. Tenho testemunhas". Terminada a história, o mulá se dirige ao segundo e diz: " Você tem razão".

O mulazinho não se contém e diz: "Seu mulá, sabe o que é, sei que sou um mero aprendiz, sei que a minha função requer mais escuta e observação do que fala, mas é que eu não entendi o que aconteceu. Veio um primeiro, contou uma história, e o senhor disse que ele tinha razão. Veio um segundo, contou uma história completamente diferente, e o senhor também disse que ele tinha razão. Mas o fato é que os dois não podem ter razão ao mesmo tempo". Então o mulá se dirige ao mulazinho e diz: " Você tem razão".

Repare que nessa história todos têm razão, mas as razões que eles têm não são iguais, não são qualitativamente equivalentes. Os dois homens que discutem em litígio por um camelo ou dromedário e se dirigem ao mulá produzem um discurso racional comprometido com o resultado. Cada um deles monta a sua história, escolhe os argumentos, elege estratégias retóricas visando atingir um resultado, que é a vitória nessa demanda jurídica: convencer o mulá de que a causa deve ser ganha.

É, portanto, uma razão prática. Mas é também, muitas vezes, a racionalização de um afeto, do desejo de vitória, do desejo de se impor, do afeto que provocou a disputa, do afeto que fez com que um deles se enganasse e com que o outro quisesse enganar o primeiro.

Pode ser por ambição, por exemplo. A ambição de ganhar fácil o dinheiro do outro ludibriando. Ou então a ganância. Uma arrogância, certeza de ser mais esperto do que o outro, que o levou a avaliar de forma equivocada a proposta do primeiro. Todos afetos, mas que podem facilmente ser traduzidos. Em disputas judiciais, não é raro vê-los traduzidos em razões.

Mas há uma terceira razão aí. Uma razão que não tem compromisso com o resultado. Razão que não é a forma sociável de um afeto. Razão, ao contrário, completamente separada dos afetos. Razão independente de qualquer resultado, que é a razão que o mulazinho tem quando diz que duas pessoas que contam sobre o mesmo evento histórias diferentes não podem as duas estar corretas simultaneamente. Ou os dois mentem ou apenas um deles mente. Os dois ao mesmo tempo dizendo a verdade, isso não é possível.

Veja que essa constatação se impõe independentemente do desejo. Pode ser que, movidos por um sentimento de agonia diante da disputa, ou então por um enorme carinho por esses dois homens que disputam num litígio comercial em torno de um camelo, desejemos profundamente que os dois tenham razão, que os dois estejam certos. Mas a certeza de que os dois não podem ao mesmo tempo ter razão se impõe, ainda que os nossos desejos nos inclinem a aceitar o contrário.

Essa é a razão pura. Pura porque não é poluída pelos afetos. Pura porque não é pautada pelos afetos.

PARTE II — INTERVENÇÃO XIII

[CLÓVIS] Por defender essa razão desafetada, como lembra o professor Júlio, Kant acreditava que a única coisa boa em si mesma é a boa vontade. O que nos permite concluir que é essa vontade a matriz de toda atribuição adequada de valor.

Essa vontade, por sua vez, diz respeito à capacidade racional para identificar o que é certo. E o que é certo fazer se converte num dever. A restrição da moralidade a esse juízo que advém do uso correto da razão quando trazido para o cotidiano, quando analisado no calor da vida, nos leva a conclusões pelo menos curiosas.

Vamos imaginar que você está dentro do seu automóvel e presencia uma agressão que acontece na calçada. A sua chegada assusta os agressores e você se vê diante do agredido ferido, ensanguentado. Você então coloca a vítima no seu carro e a leva para um hospital. Dez de dez das pessoas que ouvirem esse relato dirão que você agiu muito bem. Avaliarão como justa a sua conduta.

Mas para Kant a avaliação do que você fez não esgota a questão moral. Porque mais importante do que a ação, isto é, a materialidade da conduta, o socorro efetivo à vítima, é o motivo pelo qual você fez o que fez. A razão de ter agido como agiu.

Suponhamos que você tenha colocado aquela pessoa ferida no seu carro por compaixão, que você tenha se entristecido com a tristeza dela e por isso tenha sido movido por um impulso de alegrá-la. Para poder se alegrar também.

Essa motivação, segundo Kant, compromete a avaliação positiva daquela conduta. Porque, para ele, uma conduta moralmente positiva não pode ter como causa um afeto, um sentimento de circunstância, e sim uma atividade do espírito, uma ponderação racional, um respeito ao dever, ao que deve ser feito.

Assim, o que tem que ser realmente considerado para ultimar uma avaliação moral, para atribuir algum valor a uma conduta, não é o que foi realizado pelo agente. Não é tampouco o que aconteceu depois, ou seja, os efeitos daquela conduta. E sim por que o agente fez o que fez. O fundamento que norteou a sua decisão.

Imaginemos outra situação. Você encontra o seu pior inimigo em situação semelhante, em dificuldade física. Por se tratar do seu mais forte desafeto, essa dificuldade física pode ser causa de alegria para você. Afinal, você o odeia.

Se a conduta dependesse dos afetos, nesse caso você o deixaria sucumbir. Mas, como a conduta depende de uma certeza racional que vai além da circunstância dos afetos, você oferece ajuda, tal como fez no caso anterior.

* * *

[JÚLIO] A radicalidade de Kant, o colega há de concordar, reside em atribuir à conduta moral um caráter heroico. E ninguém é herói única e exclusivamente pela conduta que pratica. O heroísmo é avaliado, por um lado, pelo resultado da conduta, mas, por outro e sobretudo, pela intenção do agente que a praticou. E a conduta é claramente heroica quando o herói pratica o bem em sacrifício próprio. Quando anula a si mesmo em favor de outros.

Muitas vezes, outros que ele sequer conhece, o que afastaria qualquer possibilidade de simpatia ou antipatia pela pessoa beneficiada pelo heroísmo. Não é à toa que heróis mortos valem mais do que heróis vivos. E, às vezes, o sacrifício merece aplausos independentemente dos resultados. Porque a conduta numa perspectiva kantiana seria valorosa única e exclusivamente pelo heroísmo marcado ou apontado pelo autossacrifício em nome de um valor — valor esse que Kant esperava ser racional.

Mas como a razão pura elegeria os valores? Quais valores racionalmente seguir? Como saber se os valores ou as razões que pautam a conduta não seriam razões impuras, governadas pelos afetos? Afinal de contas, não é raro alguém movido pelo ódio, ao justificar a sua conduta, ocultar com razões o ódio que de fato sente. Ocultar não apenas do outro, mas até de si mesmo. Então, como saber? Quais os princípios dignos de serem seguidos que tornariam a conduta valorosa, heroica?

Como resposta, Kant propõe o que ele chamava de *imperativo categórico*. Imperativo porque se trata de uma norma a ser seguida para que a conduta seja valorosa. E categórico porque "categoria" era o nome que o filósofo atribuía ao produto da deliberação da razão pura. O que a razão pura produz, portanto, não são ideias, mas categorias, na linguagem kantiana.

Imperativo categórico ou a categoria que se imporia na conduta. Ou deveria se impor para que a conduta fosse valorosa. Não apenas moral, mas também boa. Quando a pessoa age movida pelos afetos, para Kant a conduta não seria sequer moral, porque os afetos seriam manifestação da natureza.

Dos afetos, nós não temos defesa. Eles não são produto da escolha. São o que são por efeito de como o mundo nos afeta. E sem liberdade, portanto, não haveria conduta moral. Então, seria impossível valorar o ódio porque ele é como é. E aquele que odeia não tem como opção não odiar. Assim como aquele que ama não tem como opção não amar.

Mas nós temos a opção de, odiando, escolher agir como quem não odeia e, amando, escolher agir como quem não ama. Essa é a nossa liberdade. Uma liberdade, portanto, de agir de forma divorciada dos nossos afetos.

Se não são os afetos que estão a nos governar nessas circunstâncias, quem nos governa senão a razão? E moral de fato seria a conduta quando a razão não é mera coadjuvante, e sim ator principal.

Mas para que isso ocorra é preciso que essa norma racionalmente pura da conduta, esse imperativo categórico, tenha sido construído antes da conduta por ela regida. Requer-se aí uma anterioridade da norma moral com relação à conduta. Portanto, nós deveríamos deliberar abstratamente sobre o que é certo e errado. E, uma vez feito isso, aí sim agir racionalmente.

PARTE II — INTERVENÇÃO XIV

[CLÓVIS] A radicalidade do pensamento de Kant, como apontou o Júlio, permite exemplos ainda mais contundentes.

Imagine que você tenha uma chácara onde exista um lago. Seus filhos são pequenos, e um deles, brincando, cai nesse lago sem saber nadar. Vendo a criança se afogar, você imediatamente se atira na água para salvá-la. Agiu bem? Parece óbvio, não? Quem poderia defender o contrário?

Pois bem. Segundo o mais importante filósofo moral da história do pensamento, não dá pra cravar seco na coluna do valor positivo para a conduta do pai que se atira no lago para salvar o filho. E por quê? Ora, porque o valor de qualquer ação não está no gesto de se atirar de roupa e tudo. Nem no resultado de tirar o filho da água com vida. E sim no porquê do ato heroico. Terá este pai agido por amor? Provavelmente sim. Então. Viu só.

Para Kant, o valor moral positivo de uma conduta tem a ver com o porquê da conduta. O amor não vale. Porque, se esse pai tiver agido só por amor, na eventual falta deste último, sua ação não teria sido a mesma.

Para merecer valor positivo, o pai teria que ter se atirado no lago por dever. Para alinhar sua conduta ao que é certo segundo a razão. Resultado de uma operação de pensamento, de um uso adequado da razão prática, que independe de ele amar o filho ou não.

Como você mesmo já pontuou, Júlio, a proposta kantiana parte de uma premissa que é a possibilidade de estabelecer uma fronteira, um descolamento entre o que você sente e o que você pensa, entre os afetos e as avaliações racionais.

Essa fronteira é de tal ordem que se presume a possibilidade de se ter consciência do tipo de causa das nossas condutas. Assim, agiríamos no mundo e teríamos consciência de que tal ação foi motivada pelo temor, pela esperança, pela alegria etc. Em contrapartida, teríamos a consciência de que outras condutas, a despeito dos nossos afetos, foram conduzidas pela razão.

Segundo Kant, a certeza de que a ação teve como causa a razão, e não os afetos, é cristalina quando deliberamos, em pleno uso da razão prática, uma conduta que contraria nossos apetites imediatos. A título de exemplo, vemo-nos poderosamente inclinados a uma abordagem física, mas não o fazemos. Claro, esse exemplo não vem de Kant. Sua biografia não autoriza. É meu mesmo. Neste caso, teríamos a certeza de que, dado um afeto que nos leva a agir num sentido e dada uma conduta em sentido contrário, houve uma deliberação racional soberana que nos levou a agir no sentido oposto àquele sugerido pela inclinação afetiva.

Ora, sempre haverá críticos desse tipo de premissa teórica. Estes garantem que a conduta é sempre regida pelos afetos, não havendo nunca nenhuma soberania deliberativa face aos mesmos. Portanto, se algum apetite é contrariado na deliberação prática é porque outro afeto em sentido contrário, superior ao primeiro, assim se impôs.

Os críticos de Kant garantem que toda intervenção racional, toda articulação intelectiva sobre a conduta nada mais é do que uma tentativa de justificar uma equação afetiva complexa que sempre se impõe no seu vetor mais determinante. No caso da abordagem física, o tesão teria sido vencido pelo medo, que é a antecipação das consequências nefastas que essa conduta poderia acarretar.

* * *

[JÚLIO] Os exemplos apresentados pelo colega deixam claro que Kant espera que pensemos abstratamente antes da ação. A norma moral requer anterioridade com relação à conduta, porque, quando a norma é construída diante da conduta, ela já é norma comprometida com o resultado e com as demandas da conduta que se mostra diante de nós.

O que Kant nos apresenta é a possibilidade de um homem 100% moral nas suas condutas que age de forma valorosa em 100% das vezes, o homem puramente ético, que pondera abstratamente sobre tudo aquilo que pode lhe ocorrer na existência, pondera de antemão sobre todas as deliberações a tomar, como, por exemplo, entre a mentira e a verdade.

O que seria mais valoroso, mentir ou dizer a verdade? Chega-se à conclusão de que dizer a verdade é a regra que deve ser seguida antes da existência de toda e qualquer pergunta possível, antes de uma pergunta concreta. Pois aí sim, no dia em que alguém lhe exigir uma informação e você tiver a possibilidade de mentir ou não mentir, você já sabe de antemão o que fazer. Basta obedecer à regra.

A mente deveria ser capaz não só de pensar de forma desafetada dos sentimentos, como também de pensar abstratamente sobre tudo. Mente que não seria surpreendida pelo mundo. Mente para a qual nenhuma situação inédita que encontrasse diante de si durante sua existência seria imponderável ou imponderada. Mente a não se surpreender com o mundo, o que me parece uma possibilidade muito remota de acontecer.

Volta e meia a vida nos surpreende com situações completamente *nonsense*. Moro em Vitória. Cidade praiana. Clima quente. Por três dias seguidos, altas temperaturas de dia e garoa de noite. A garoa tipicamente paulistana, daquelas que não se encontram mais em São Paulo. Um clima completamente sem sentido.

Lembro-me também de quando morava no Rio, dirigindo por volta de duas da manhã na Tijuca, um dos bairros mais populosos da cidade, uma metrópole grande, cosmopolita, e, de repente, três leitões atravessam correndo a rua Conde de Bonfim. Três leitões que vêm do nada e vão para lugar nenhum. Três leitões que aparecem de repente e desaparecem.

A vida é assim, mas para Kant nada seria surpreendente o suficiente. Ou então teríamos que admitir que existe um limite da mente para ponderar sobre as realidades a serem encontradas. E, portanto, não seria possível legislar moralmente de antemão sobre todas as condutas. Assim, alguém 100% ético, alguém que acerte sempre, seria uma total impossibilidade, mas ainda assim a atitude da ponderação de antemão poderia aumentar o número de condutas moralmente valorosas de cada um.

A ponderação de antemão, a tal da ponderação abstrata, seria então o primeiro passo para a construção desse gabarito racional da conduta valorosa. Mas abstratamente pensar como? Como saber se aquela razão que pensa abstratamente é de fato razão pura? Kant dá um norte para que saibamos se nas nossas ponderações abstratas estamos ponderando de forma puramente racional.

Segundo ele, o produto dessa deliberação abstrata, seja lá qual for, deveria significar uma norma de conduta que, se fosse obedecida por todos e por qualquer um, em toda e qualquer circunstância, geraria uma sociedade viável.

É daí que vem o corolário do imperativo categórico: aja de forma que a norma da tua conduta seja digna de ser convertida em norma universal. Em outras palavras, pondere sobre aquilo que seria o racionalmente correto a fazer. Agora imagine todos, sem exceções, obedecendo a essa mesma regra e veja o resultado.

PARTE II — INTERVENÇÃO XV

[CLÓVIS] Uma coisa precisa ficar cristalina, Júlio. Para Kant, o valor de uma conduta nada tem a ver com suas consequências. Muitas variáveis podem incidir sobre essas consequências que nada têm a ver com as intenções do agente.

Você pode ter certa intenção e o resultado efetivamente alcançado ser completamente outro. A insistência do filósofo é compreensível. No calor das interações cotidianas, a tendência a julgar as ações pelas causas que supostamente as motivam é significativa.

Lembro-me da casa da minha avó materna. Ficava na rua Manoel da Nóbrega, em São Paulo. Em frente ao novo quartel, como dizia minha mãe ao taxista. Muito próximo da Assembleia Legislativa. E também do parque Ibirapuera.

A casa era grande. E bastante antiga. Seus atuais ocupantes fizeram uma reforma significativa. Havia uma entrada com um portão de madeira que dava para um corredor de uns cem metros de extensão e dois metros e meio de largura; ele margeava toda a casa, permitindo o acesso a uma garagem ao fundo. Nele, eu jogava bola com meus primos. Minha infância foi vivida ali. Na rua Manoel da Nóbrega.

Num daqueles domingos passados da manhã à noite nesse lugar, eu me entretinha disputando uma partida de gol a gol com um hóspede da minha avó. Ela costumava dar abrigo a visitantes "vindos do Sul" que não tinham aparentemente destino certo. "Um quartinho e um prato de sopa eu garanto a qualquer um que aparecer." Que mulher extraordinária. Um gol era a porta da garagem. O outro, o portão de entrada. Disputa renhida. Lá e cá.

Um chute meu que tinha a pretensão de encobrir meu oponente acabou endereçando a bola pela janela da sala. Ela colidiu com um vaso que adornava um piano jamais tocado. O vaso espatifou-se. Meu pai apareceu. "Vá ver o que você fez!", ordenava colérico.

Observe, professor Júlio. Eu teria meu chute avaliado. Não por algum fundamento ludopédico. Tampouco pelas minhas legítimas intenções. Mas pelo resultado alcançado. A saber, a ruptura daquele artefato, de gosto mais que discutível, saliente-se.

O mesmo acontece com os profissionais da bola. Pênalti bem batido é aquele que entra, diz algum especialista no assunto. Já o pobre treinador, este será avaliado pelo placar da peleja. Mesmo que seus jogadores tenham perdido inúmeras chances de gol — daquelas que qualquer um faria —, será condenado se o time tiver sucumbido frente ao maior rival.

Nas empresas, os colaboradores serão aplaudidos se as metas forem alcançadas. Os CEOs, reverenciados se as expectativas de lucro dos acionistas forem ultrapassadas. E o marqueteiro político será ungido em triunfo se seu candidato vencer as eleições.

Mas Kant é enfático. A boa conduta nada tem a ver com conseguir um resultado vantajoso, e sim com fazer o que é devido. E todos sabemos quanto um não tem a ver com o outro.

Assim, se você é dono de um comércio e age de maneira correta, pesando as mercadorias com exatidão, zelando pelo troco certo, oferecendo o melhor produto, não vendendo itens levemente passados do ponto etc., nenhum desses procedimentos garante por si um juízo moral positivo. É preciso saber por que você agiu dessa forma.

Admita. Você fez tudo isso para conservar ou aumentar a clientela, contar com uma boa imagem no mercado, costurar relações de confiança etc. Neste caso, você não agiu bem. Porque queria se dar bem, e só isso. Para agir bem, teria que ter feito a mesma coisa, mas por outro motivo: o de fazer o que é devido. E essa ação por dever tem que independer de qualquer efeito, até mesmo a busca da própria felicidade ou da felicidade de todos.

Lembro-me de um programa televisivo do qual participei intitulado *Encontro com Fátima Bernardes.* Naquela manhã, Fátima relatou o comportamento de um motorista de ônibus que devolveu grande quantia de dinheiro a um passageiro que havia esquecido o montante no veículo. O motorista contou que depois desse gesto a vida dele melhorou e que outras coisas boas aconteceram. Fátima Bernardes então me perguntou: "Professor Clóvis, o senhor acha que quando a gente faz o certo e age honestamente a recompensa é que a nossa vida melhora e a gente consegue coisas boas?". Nossa! Que sufoco! Isso é um dilema. Fiquei encalacrado. Eu sabia que todos esperavam a minha confirmação. O motorista estava ali presente para mais essa bênção consagradora. A apresentadora, gentilíssima comigo, com a pauta na mão, aguardava ansiosa meu óbvio veredito. Paciência.

Fui obrigado a dizer que não só não havia nenhuma relação de causalidade entre agir bem e ser feliz depois como também não deveria haver na boa ação nenhuma expectativa de felicidade posterior. Porque a boa conduta dependia simplesmente de uma verdade embutida nela mesma. Tipo devolver o dinheiro por devolver o dinheiro. Porque é isso que deve ser feito, o que nada tem a ver com os encontros alegres e tristes do dia seguinte.

* * *

[JÚLIO] Tomemos o exemplo da verdade, Clóvis. Entre a verdade e a mentira, imagine uma sociedade em que todos mentem e depois imagine uma sociedade em que todos dizem a verdade. E veja qual delas é a mais viável.

Se a mais viável for aquela que diz a verdade, tenha "dizer a verdade" como a regra a ser sempre seguida. Mas você verá que, numa ou noutra situação, dizer a verdade pode ser ruim. Como o médico que vaticina a morte iminente do paciente que para viver mais deveria ser poupado de emoções fortes. Ocorre que ser kantianamente ético implica ignorar o resultado no caso concreto por saber que a regra moral tem seu valor, independentemente e para além de seu resultado.

Mas curiosamente, na confecção da norma a ser seguida, levou-se em conta um tipo de resultado, não um resultado concreto, mas um resultado hipotético — a hipótese do que aconteceria caso todos obedecessem ou não à norma que se está a ponderar como digna ou indigna de ser tida como universal.

Como já coloquei, uma característica importante dessa razão pura é a sua universalidade. Os afetos não são universais. Todos nós odiamos, mas não odiamos as mesmas coisas nem as mesmas pessoas. Nem com a mesma intensidade. Todos nós somos capazes de amar, mas nós não amamos as mesmas pessoas nem do mesmo jeito nem na mesma intensidade.

Mas com a razão pura isso não deveria acontecer, acredita Kant. Enquanto nossos sentimentos nos tornam seres singulares, a nossa razão nos torna seres universais.

E se a moral é aquele tipo de orientação da conduta que torna a nossa vida possível, sem discórdia, sem conflitos, sem guerras, essa situação de paz perpétua só ocorreria se todos nós fôssemos de fato guiados pelas mesmas regras, e não pelos nossos afetos tão diferentes, tão singulares, tão causadores de desentendimentos.

Portanto, existe uma avaliação finalística da conduta, mas apenas para a criação da norma. Ela é apenas a expectativa de um resultado bom para a humanidade desde que todos ajam da mesma forma que você, desde que todos sigam o mesmo princípio de razão pura que você.

Ponderada a regra de antemão e concluído que ela é a conduta digna de ser seguida universalmente, então daí pra frente basta segui-la, independentemente de eventual resultado negativo, ruim ou entristecedor. Devem-se ignorar a tristeza, os malefícios, as consequências negativas de obedecer à regra.

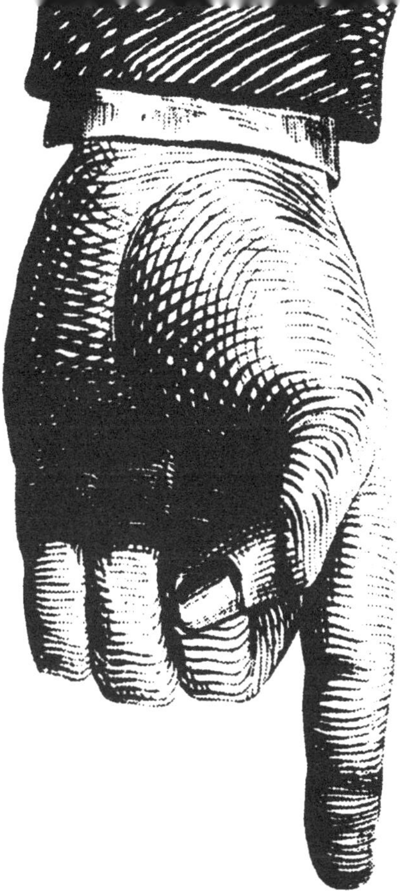

PARTE III

UTILITARISMO

[CLÓVIS] Não poderíamos deixar de fora desse debate o utilitarismo. Filosofia moral que fundamenta suas conclusões numa importante reflexão sobre o valor.

É sempre bom lembrar que quando falamos de moralidade nos referimos a um conjunto de princípios que escolhemos livremente respeitar. São princípios que definimos como norteadores de nossas vidas. Naturalmente, os valores são o que consideramos de mais importante na hora de agir. Elementos da nossa conduta dos quais não aceitamos abrir mão, não aceitamos prescindir.

Gostaria de chamar a atenção do leitor para essa relação privilegiada entre aquilo que nos forçamos a respeitar, de um lado, e aquilo que consideramos mais importante, de outro lado. Espero que o leitor perceba a relevância dessa relação.

Afinal de contas, é porque consideramos alguma coisa importante em nossa vida prática que faremos disso uma referência de moralidade, um princípio que respeitamos mesmo nas situações em que respeitá-lo implica perda.

John Stuart Mill, representante maior desse pensamento, destaca dois tipos de valor. O primeiro deles é o que poderíamos chamar de *valor instrumental*. Por que denominá-lo assim? Porque a avaliação de quanto vale qualquer coisa dependeria do quanto ela nos permite obter outra que desejamos. Só esta última, uma vez alcançada, consagra seu valor.

Um exemplo clássico de valor instrumental é o dinheiro, que por si só nada vale, mas vale na medida em que permite ter outras coisas. Assim, imagine uma nota de cem reais. Ela é um pedaço de papel um pouco azulado cujo valor depende daquilo que a quantia permite adquirir. Daí a sua perspectiva instrumental.

Imaginemos que uma nota de cem reais me permita ir ao cinema, comprar uma lasanha e uma revista. Não sei se estou sendo otimista. Depende um pouco de onde você vai comer essa lasanha. Então, fica evidente que o valor da nota depende dessas coisas que ela permite adquirir. Trata-se de um valor derivado, à mercê da possibilidade de fazer alcançar outros bens.

Uma farmácia é um verdadeiro banco de valor instrumental. Serve para garantir estados corporais que queremos e evitar os que não queremos. Um comprimido azul materializa seu valor instrumental a cada ereção por ele assegurada.

Outro para dor de cabeça tem seu valor instrumental condicionado pela eliminação efetiva da dor. Um colírio só vale enquanto instrumento se diminuir o desconforto ocular causado pela secura do ar ou pela poluição. E os produtos anticaspa, antiqueda, anti-hemorroida, antirreumatismo só terão valor instrumental se conseguirem afastar de nós todos esses males. Anticoncepcionais, porque ainda não é o momento.

Ainda seguindo a lição de Stuart Mill, vamos chamar o outro tipo de *valor de intrínseco*. É o valor de tudo que vale por si mesmo, inerente às próprias coisas. Coisas, portanto, que se materializam como valor independente de outras. Sem instrumentalidade. Para falar como Aristóteles, coisas de valor intrínseco são fins em si mesmos.

Quando um filósofo moral propõe uma teoria do valor, a discussão sobre as coisas de valor intrínseco constitui sua parte mais nobre. Porque, quase sempre, são essas coisas de valor intrínseco que servirão de referência para as obrigações morais que deliberamos respeitar.

Assim, poderíamos pensar em direitos fundamentais da pessoa humana, no direito de permanecer vivo, na liberdade de expressão etc. Valem por si mesmos? Ou seriam também meros instrumentos para coisas ainda maiores?

* * *

[JÚLIO] Penso que, da mesma forma que se pode atribuir valor às coisas ou por um critério instrumental — e, portanto, o valor dependeria do objeto que é instrumentalmente conquistado —, ou pressupondo a existência de um valor inerente às coisas, também seria possível fazer isso com pessoas.

É o que costuma ocorrer em empresas nas quais algumas pessoas são representadas como tendo determinados valores inerentes. Geralmente, isso ocorre com aqueles pertencentes à alta diretoria. O funcionário não é bom tendo em vista os resultados da empresa, nem o seu histórico. Ele é bom porque ele é bom. Porque a sua eficácia empresarial é apresentada como se fosse um atributo inerente.

Quando se atribui valor às pessoas dos escalões mais baixos, isso geralmente é feito por uma perspectiva instrumental. Ele é bom porque faz um bom serviço. Sem o bom serviço realizado não há valor. E, no momento em que ele não conseguir mais desempenhar serviço algum interessante para a empresa, o valor é nulo. A principal diferença dessas duas maneiras de valorar alguém é que o valor atribuído aos primeiros não muda tendo em vista os resultados.

A consequência dessa perspectiva aristocrática é que uns são considerados melhores por sua própria natureza, por serem quem são. Quanto aos segundos, seu valor varia na medida de sua utilidade.

Isso me lembra uma perspectiva de certa forma contrária a essas duas possibilidades utilitaristas de se atribuir valor: a ideia de não fazer sentido atribuir valor às pessoas. Ideia de que os valores seriam atribuíveis somente às coisas, aos objetos percebidos. Às pessoas, não. Essa é a perspectiva de Kant, que retomo aqui apenas a título de breve observação.

Kant dizia que o espírito, que você pode entender como aquilo que em nós nos faz pensar e, em certa medida, nos faz sentir, é aquilo que atribui valor às coisas. E, como tal, tudo o que é objeto de percepção do espírito pode ser por ele, no ato de perceber, valorado. Portanto, o meu espírito percebe coisas. E ele tem como uma espécie de condição dessa percepção a atribuição de um valor, assim como a atribuição de um sentido.

Para entender melhor o que eu quero dizer com "condição", imagine a ideia de cor. Nós olhamos uma cadeira e dizemos "cadeira azul". A que se encontra ao lado dizemos ser rosa. Dizemos que o azul da cadeira azul e o rosa da cadeira rosa seriam atributos inerentes. Mas você sabe que cor é uma espécie de luz interpretada. Primeiro pelos seus olhos, que captam determinada frequência. Segundo pelo seu nervo ótico. A percepção das cores, assim como o espectro captado, depende de como eles funcionam.

O espectro de cores é muito maior do que aquele que podemos perceber com os olhos. Nós não enxergamos nada abaixo do vermelho nem acima do violeta. Mas um boi tem um espectro de cores visíveis mais amplo. Portanto, um bovino numa sala a vê completamente diferente do que um humano. Qual dos dois percebe com maior perfeição, o que tem maior ou menor espectro de luzes? Como não ruminamos, dizemos que a forma mais verdadeira é a nossa. Um boi discordaria. O que chamamos de realidade nada mais é do que uma consequência da forma particular de como percebemos alguma coisa. Realidade enviesada.

O fato é que, sabendo que a cor é formada na sua mente a partir de um modo particular de percepção dos seus mecanismos biológicos de sensações visuais, ainda assim você não consegue olhar algo sem cor e, numa fração de segundos depois, atribuir uma cor ao objeto percebido. A percepção dos dois é instantânea.

Você vê o objeto e a sua cor. O mesmo aconteceria com significado e valor. Nós temos como condição de percepção das coisas percebê-las não só com cor, mas também com significado e com valor. Isso não quer dizer que o valor seja inerente às coisas. Ele pode ser atribuído, mas a atribuição é simultânea com relação à percepção material do objeto.

É no espírito que a atribuição de significado e valor ocorre. Agora, veja esta metáfora que não é de Kant, mas que ele poderia muito bem ter utilizado. Na verdade é de Platão.

Ele acreditava que o autoconhecimento — conhece-te a ti mesmo — era uma impossibilidade, porque conhecer a si mesmo pressuporia que o espírito, que é aquilo que tudo conhece, que é o seu lado intelectivo, pudesse conhecer a si mesmo. E para tanto seria necessário que o espírito pudesse contemplar a si mesmo. Platão considera isso uma impossibilidade.

E ele se explica com a metáfora do olho. O olho é aquilo a partir do qual tudo vemos. Mas o olho que tudo vê é estranhamente incapaz de ver a si mesmo. O olho nunca terá de si mesmo uma experiência visual direta.

No máximo, o que o olho tem disponível é sua própria imagem num espelho. No entanto, a imagem de nosso olho não é nosso olho. É outra coisa. É um olho duplicado. Uma percepção direta é impossível.

Essa perspectiva nos coloca o seguinte problema: ou a nossa alma tem essa capacidade de refletir a si mesma, de espelhar-se, de reproduzir-se, para a partir daí analisar-se, ou então não é possível o autoconhecimento. Tanto é que, à ideia de uma alma capaz de conhecer a si mesma, nós chamamos de *reflexão*. Uma alma que se reflete. Uma alma que seria o espelho de si mesma.

Supondo a alma incapaz de perceber a si mesma, sendo ela aquilo que atribui valor, o faz com relação a todas as coisas, mas não pode fazê-lo com relação a si mesma. Da mesma forma que não faria sentido ela conhecer a si mesma. Por raciocínio semelhante, Kant, tal como Platão, também não acredita muito no autoconhecimento.

Mas e quando percebemos outro espírito que não o nosso? Neste caso, Kant é de uma sagacidade impressionante. Se o espírito não pode valorar-se, porque não pode perceber-se, também não poderia de forma muito justa atribuir valor a outro espírito. Valorar outro espírito seria tratá-lo como um objeto, como uma parede, um carro ou um sorvete de morango. É tratá-lo como coisa, como aquilo que tem valor instrumental, de maneira que os espíritos que me são amáveis, avalio como bons, e os que me são desagradáveis, avalio como ruins.

Valor como modo particular de percebê-los, e não como a percepção de uma objetividade. Quando falamos de humanos, de gente, não podemos falar em valor nem instrumental, nem inerente. Seria tratá-los como coisa, como objeto ao dispor dos nossos afetos. Mas gente é mais do que coisas, e não deveria ser melhor ou pior apenas em razão de como nos afeta. Seria isso um tratamento indigno de um ser sensível e inteligente.

O que eles têm, dirá Kant, é dignidade. Dignidade não é valor, e sim a impossibilidade de atribuir valor ou respeitá-lo por não atribuir valor. Dignidade é a condição de existência de algo que valora, sendo que ele mesmo, enquanto coisa que valora, não pode valorar a si mesmo e da mesma maneira não deveria ser valorado por outro. Não há espírito bom ou ruim. Há espírito tratado com dignidade quando o reconheço como inteligência e sensibilidade e tratado de forma indigna quando o valoro.

Então, tanto para os do alto escalão da empresa, representados como pessoas que têm valor inerente, quanto para aqueles de baixo escalão, dotados de valor instrumental, todas as valorações de andar de cima e de baixo são indignidade. Tratamento digno é não valorar.

[CLÓVIS] Gostaria de retomar a ideia de valores intrínsecos — aqueles que estão diretamente relacionados às obrigações morais que definimos e respeitamos.

Na teoria de valor proposta por Mill só haveria uma única coisa boa intrinsecamente. Portanto, todo o resto teria um valor simplesmente instrumental. O único bem de valor intrínseco que, portanto, vale por si só, independentemente de qualquer outra coisa, é a felicidade.

Dessa forma, qualquer outro valor deve ser avaliado na medida em que puder proporcionar felicidade. Se o que caracteriza o valor instrumental de uma coisa é justamente a capacidade que essa coisa tem de proporcionar outra de valor intrínseco, pois então tudo só tem valor em função da felicidade que pode proporcionar a alguém.

A felicidade, portanto, torna-se nessa teoria do valor referência única, em função da qual a valoração do mundo é possível. É referência para as coisas produzidas pelo homem, produtos da técnica, como também para as coisas da natureza; é referência também para o valor das obras de arte e para o valor da ação das pessoas.

Em outras palavras, seja qual for a realidade considerada, o seu valor dependerá do quanto permitir que alguém seja feliz. Seja diretamente, numa relação de causalidade imediata como a contemplação de um lindo pôr do sol ou do sorriso de uma criança amada. Seja indiretamente, quando uma coisa permite obter outra, e assim sucessivamente, até que, ao cabo de uma cadeia, acabamos chegando à felicidade.

Assim, o livro nos leva à leitura, que por sua vez nos leva à imaginação ou ao conhecimento, o qual pode permitir uma prática, que nos assegura uma produção e um produto, que nos permite uma venda, um ganho econômico, e com ele a aquisição de algo que queríamos muito e só aí, quem sabe, alguma felicidade. Ou a aquisição de outro livro.

A felicidade seria a única coisa desejável em si mesma enquanto fim, ao passo que todas as outras seriam desejáveis enquanto instrumento para alcançá-la. Em suma: queremos ser felizes o tempo inteiro e buscamos tudo aquilo que supomos possa nos trazer essa felicidade. Isso vai do pastel de feira a um carro caro ou mesmo a um romance.

Essa teoria do valor nos deixaria completamente na mão se o autor não nos propusesse uma definição de felicidade. Palavra-ônibus. Que comporta muita coisa de natureza diferente. Para que essa teoria seja aplicável, é fundamental que tenhamos uma ideia mais clara do que ser feliz quer dizer.

Stuart Mill não deixa seus leitores na mão. Ele lhes propõe uma definição bastante clara: felicidade é presença de prazer e ausência de dor. Para dirimir qualquer dúvida, seguindo sadio didatismo dos autores ingleses, Mill explica que a felicidade é o contrário da infelicidade — presença de dor e ausência de prazer. Esse esclarecimento me faz lembrar de um humorista que dizia gostar de tudo muito bem explicadinho, nos seus miiiiiiiínimos detalhes.

Agora estamos autorizados a uma substituição com enorme ganho de precisão. Se o único bem de valor intrínseco é a felicidade, e esta é prazer sem dor, então agora, sem nenhum medo de errar, podemos afirmar: a única coisa que vale por ela mesma é uma sensação. Um afeto: o prazer. E a falta do seu contrário: a dor. Isso — e só isso — é o que buscamos o tempo todo. O resto é só instrumento para alcançá-lo.

Que loucura! Quer dizer que tudo no mundo só tem valor na medida em que proporciona prazer e diminui ou elimina a dor.

Imaginemos esses candidatos que a cada dois anos, no nosso país, se engalfinham para obter votos. Falam horas a fio. Enfrentam-se em debates que são carnificinas. Percorrem o território nacional. Submetem-se a agendas desumanas.

Tudo se resume, então, em prazer e dor. Que jeito mais, digamos, indireto de alcançá-los. Poderíamos sugerir-lhes um ofurô. Massagens orientais. Nos pés. Etc. Um abraço. Dependendo de quem você abraça...

E por que não submeter a própria filosofia a esse crivo? Quem enuncia discurso filosófico ou quem os consome. Que seja avaliada em função da proposta utilitarista.

Trouxe prazer, diminuiu a dor, ou então não trouxe prazer, aumentou a dor.

Dessa forma, a atribuição de valor a qualquer coisa fica drasticamente simplificada a esse binômio que é a consequência de tudo aquilo que para nós tem valor positivo: o prazer e a redução da dor.

* * *

[JÚLIO] Mill me lembra outro grego antigo, outro que Platão odiava: Demócrito. Ele era um materialista radical. Não acreditava em nada que não fosse matéria, e, portanto, aquilo a que Platão chamava *alma*, responsável pelos nossos pensamentos e sensações, não poderia ser algo imaterial e imortal. Só poderia ser matéria. Deveria ter massa e ocupar lugar no espaço. Ser corruptível e perecível.

Ele vai além e explica do que todas as coisas materiais são feitas. Algo que ele chamou de *átomo* — literalmente, algo não divisível.

Tomemos alguma coisa qualquer, como um rabanete. Se o dividirmos e logo após dividirmos sua metade e assim por diante, chegará um momento em que essa operação não será mais possível. É o momento em que se encontra algo que não pode mais ser dividido. Esse é o átomo.

Para Demócrito, somente existiriam dois tipos de átomos. Uns redondos e lisos e outros não redondos e não lisos. Os primeiros, por suas características de circularidade e lisura, são móveis e responsáveis pela constituição das coisas moles que existem na natureza. Já os segundos, de formas irregulares e ásperos, são responsáveis pela constituição das coisas duras. As diferenças de dureza em suas várias nuances são causadas por diferentes misturas entre átomos bolinha e átomos rugosos.

À movimentação dos átomos redondos em nós, Demócrito chama de sensação e pensamento. Não explica como o movimento dos átomos produz sensações e pensamentos. Fato é que, enquanto houver corpo, haverá sensações e pensamentos. Alguns movimentos desses átomos redondos geram sensações prazerosas, outros movimentos geram sensações desprazerosas. Os valores que atribuímos são consequência do que sentimos a partir dos movimentos atômicos, e tudo o que importa são as boas sensações. Demócrito foi um antecessor do utilitarismo.

PARTE III — INTERVENÇÃO III

[CLÓVIS] Bem lembrado, Júlio. Quando a teoria utilitarista nos recomenda considerar o valor das coisas enquanto instrumento para a felicidade, seja de maneira mais imediata seja de maneira indireta, isso pode nos colocar diante de alguma complexidade.

Tudo pode parecer simples numa relação com dois elementos que se seguem cronologicamente. Assim, eu como um prato de mocotó, sem bucho, e com dois zoião gema mole, e fico feliz. Nesse caso, o mocotó tem impressionante valor instrumental.

O mesmo raciocínio é empregado para as condutas humanas. Um palestrante sedutor é abraçado carinhosamente — ao final de uma performance — por uma mulher. Além do abraço, ela se desmancha em elogios. O palestrante flutua. Aqui, tanto o abraço quanto os elogios valem um mocotó.

A complexidade aparece, por exemplo, quando enfrentamos situações em que as coisas do mundo nos causam tanto prazer quanto dor. Isso pode acontecer em instantes diferentes. Uma ida ao dentista lhe causa dor. Então, num primeiro momento, valor instrumental negativo. Restaurado o dente, desaparece a dor. Valor instrumental positivo.

Um único tratamento. Um único dentista. Uma única broca. Dor primeiro, prazer depois. O inverso de uma cópula com orgasmo de grande intensidade seguido de doença venérea não letal. Por que não letal? Porque o exemplo é meu. Quando você crescer, escreva seu próprio livro.

No meu caso, já chegando nos 50, esses orgasmos fazem parte de um mundo discursivo, semiótico, de representações. Um exemplo de maior probabilidade vital é o exagero alimentar. Durante a degustação, prazer. Imediatamente após e por vezes durante longas horas, dor.

Para outros, a complexidade se objetiva na degustação alcoólica: alegria e tontura imediata e ressaca posterior. Alcoolismo, talvez. Para outros, ainda, o consumo de drogas e seus efeitos imediatos prazerosos e as consequências nefastas da dependência.

Nesses casos, a avaliação utilitarista do valor requer um balanço, um contraste. No exemplo do dentista, poderíamos ponderar que a dor a suportar na cadeira, no momento do tratamento, é de duração muito menor do que o prazer do dente reparado algum tempo depois.

Portanto, nessa espécie de contraste, julgaríamos a ida ao dentista como de valor positivo. Mas poderíamos também observar que a dor sofrida durante o tratamento é muito mais intensa e conscientemente percebida do que o prazer obtido após. Como quantificar comparativamente duração e intensidade?

Se já não temos respostas óbvias, saiba que essa complexidade pode aumentar. Quando, por exemplo, cursamos uma faculdade que não nos agrada. Sentimos tédio, enfado, sensações desagradáveis. Mas a conclusão desse curso nos traria um diploma, um emprego digno, um bom salário e, portanto, condições para comprar o que nos dê prazer e felicidade.

Veja que aí a situação difere um pouco da do dentista. Porque cinco anos de curso universitário implicam um tempo de sofrimento considerável para que uma suposta felicidade pelo emprego alcançado possa advir.

Prazer e dor podem também ser sentidos simultaneamente. É o caso da câimbra num momento de orgasmo. A defesa de um pênalti acompanhada de um pinçamento no ciático. Um beijo com cólica. Uma feijoada deliciosa ao som de uma música ruim. Amigos engraçados com chope quente. Cinema bala com pipoca murcha. Etc.

Para definir os pesos e as medidas de todas essas equações, Mill se mostra muito mais um discípulo de Epicuro do que um herdeiro dos cultos de Dionísio ou um porta-voz antecipado da pós-modernidade.

Ao estabelecer essa relação entre prazer e dor, o filósofo inglês tem na felicidade uma concepção próxima da ataraxia, da tranquilidade, certamente distante de todo prazer intenso e obsessivo que possa ensejar dor futura.

A ideia de que o prazer é o único bem intrínseco foi consagrada na história do pensamento com o nome de *hedonismo*.

O sentido primeiro desse termo não se confunde com o atual, associado ao consumo desenfreado e à busca de prazer a qualquer preço. Tanto para Epicuro quanto para Mill essa busca deve ser revestida de alguma moderação.

Em outras palavras, é preciso buscar prazeres que permitam continuar tendo prazer. Por essa razão, são enaltecidos os prazeres do intelecto, da alma, ligados à atividade intelectiva. Inversamente, as coisas que venham a despertar um prazer que destrói a capacidade do corpo de ter prazer possuem evidentemente valor negativo.

Assim, tanto em Epicuro quanto em Mill vigora uma ideia de sustentabilidade do prazer. É bom aquilo que proporciona um tipo de prazer que não compromete a capacidade de continuar alcançando-o.

Eis, portanto, uma espécie de apego à simplicidade — aquilo que Epicuro vai chamar de prazeres naturais e necessários, estritamente relacionados com a mera sobrevivência.

Pois toda sofisticação pode prostituir o corpo e impedi-lo de voltar a ter prazer com coisas simples. E assim uma margarina no pão ou um molho sofisticado podem inviabilizar o deleite com o pão seco ou com a carne sem molho.

* * *

[JÚLIO] Acredito que o tempo seja o fator mais problemático da avaliação da felicidade utilitarista.

Imagine o caso de alguém com muita fome. Sofre a dor característica de quem já passou da hora de almoçar. Tem pouco tempo, pois em breve terá uma reunião à qual não pode faltar. Avalia que faltar a ela lhe trará o sofrimento do desemprego. A única opção disponível para almoçar é um boteco próximo, daqueles típicos, com vitrine térmica em forma de trapézio. Lá, ovos cozidos coloridos, único quitute disponível. O aspecto não lhe é dos mais agradáveis, mas a dor da fome é implacável. Pede o ovo. Grata surpresa, está bom, tão bom que pede o segundo e o terceiro, cada um de cor diferente.

Saciado, imediatamente ao sair do boteco um amigo lhe pergunta se está feliz. Sem dor e alegre, diz que sim. Ovos de grande valor. Quarenta minutos depois o amigo o reencontra, à porta do banheiro, agora esverdeado. Pergunta novamente se está feliz. Resposta negativa. O prazer sem dor de antes virou o mal-estar de agora. Ovos de baixo valor. Ovos malditos. Vai ao médico. Examinado, descobre um tumor no estômago. É operado e salvo. Tudo graças aos ovos coloridos!

É difícil saber quais os termos iniciais da equação que envolve dores e prazeres. Qual o primeiro termo? A dor deste instante? E qual o último termo? Considerando que qualquer atitude pode ter desdobramentos infinitos, dependendo das relações de causalidade que fizermos, o resultado de tal avaliação será diferente. Talvez apenas com raciocínios simplistas, considerando prazeres e dores imediatos, o critério de julgamento utilitarista seja aplicável sem dificuldades.

PARTE III — INTERVENÇÃO IV

[CLÓVIS] Imagino que a definição de felicidade proposta por Mill seja muito próxima daquilo que entendemos hoje por felicidade no senso comum. Quando comparamos a felicidade — mais prazer e menos dor — com a felicidade de Aristóteles — o pleno florescer das próprias potências na busca de uma harmonia com o cosmos —, percebemos o quanto estamos de fato distantes deste último e mais próximos do primeiro.

Merece, no entanto, atenção na definição de Mill que a felicidade seja definida não só pela presença de prazer como também pela ausência de dor. Insisto nisso porque, como a questão da dor implica certa negatividade, certa ausência, ela costuma ser menos lembrada.

Esse destaque para a falta de dor nos permite inferir o tipo de estado que Mill considerava feliz. Estado de paz e tranquilidade, como se diz. Ele pensava muito mais no sossego de uma casa de campo do que num baile funk ou numa orgia. Numa sociedade que cobra certa excitação como prova de momento feliz, a ausência de dor é quase sempre tomada como óbvia.

A supressão da dor só é claramente percebida como felicidade em situações em que haja dor intensa que finalmente termina. No instante mesmo em que a dor desaparece. Por exemplo, uma dor de cabeça ou na lombar eliminada por algum tipo de massagem ou anti-inflamatório. Quando nos acostumamos com ela, tendemos a não mais incluí-la como requisito de uma vida feliz.

* * *

[JÚLIO] Realmente, as ideias que comumente se fazem de felicidade estão mais próximas de Mill do que de

Aristóteles. E sabe, Clóvis, que, com relação à ausência de dor e prazer, este último apresenta um interessante raciocínio em sua obra intitulada *Anima* ou, se preferir, *Alma?*

Ele propõe uma espécie de relação entre o desejo, a falta dolorosa de algo no corpo, com a fruição ou prazer. Somos capazes de desejar muitas coisas, nem sempre coisas que faltam ao corpo. Na falta de água, sentimos sede, desejo de água. Sem água, perecemos. Água é desejo de algo que falta ao corpo.

Mas não apenas para água nossos desejos são direcionados. Desejamos carrões, férias em paraísos caribenhos e geleia de figo com nozes. Nada disso é essencial ao corpo, mas ainda assim os desejamos. De onde vem então essa falta, essa necessidade de coisas das quais o corpo não precisa para continuar existindo?

Para Aristóteles, ela vem da experiência. Da memória ou da expectativa de momentos felizes. Desejamos a alegria que imaginamos que nos proporcionará alguma coisa, e não essa coisa, considerada nela mesma. Assim, temos um ciclo que começa com algum tipo de prazer ou fruição de algo, depois experimenta-se a falta da boa sensação causada pela relação estabelecida com essa coisa, para em seguida haver nova fruição.

Aristóteles acredita que essa dor do desejo é, em parte, o que causa a fruição. Alegria pelo fim do sofrimento por não se ter algo. Como no dito popular, a fome é o melhor tempero. Em resumo, não haveria para

Aristóteles fruição sem a dor da falta, sem o desejo, de maneira que a redução da dor e a alegria do prazer não poderiam ser consideradas de forma independente uma da outra.

PARTE III — INTERVENÇÃO V

[CLÓVIS] Um dado interessante: Mill observa não haver prova ou demonstração do acerto de sua teoria. De fato. Como provar que o único bem de valor intrínseco é essa combinação de presença de prazer e ausência de dor?

Aliás, ele observa que nunca haverá prova do valor fundamental das coisas.

No entanto, o filósofo afirma existirem fortes indícios de que ele esteja certo. Ele considera que intuitivamente sua proposta é pertinente por acreditar que, quando nos perguntamos sobre o valor de uma coisa, no fundo estamos perguntando o que as pessoas consideram desejável. Ao estabelecer essa correspondência, Mill observa que deve ser considerado de valor positivo aquilo que as pessoas efetivamente desejam.

E para Mill é muito fácil saber o que as pessoas desejam. Basta perguntar. Eis a única prova que podemos ter do que é desejável e, portanto, dotado de valor no mundo. Ora, vale aquilo que as pessoas querem ter perto de si, aquilo que elas querem possuir, chamar de seu, e não vale aquilo que elas desprezam, rechaçam explicitamente.

O pensador inglês está convencido de que a proposta hedonista da busca do prazer e da diminuição da dor corresponde à perspectiva do que ele chama em inglês de *every man*, que em francês seria *monsieur tout le monde* e, para nós, a perspectiva consagrada pelo senso comum.

Em outras palavras, Mill sugere que, se você sair às ruas e perguntar aos passantes o que eles querem, as pessoas dirão: "Eu quero aquilo que causa prazer e diminui a dor". Portanto, elas apontarão como valioso aquilo que é prazeroso e também aquilo que suprime a dor.

E se você tentar ir um pouco além e perguntar por que essas coisas valem para as pessoas, por que são importantes, segundo Mill, em última instância, elas dirão que as coisas valem na medida em que as fazem felizes. Na medida em que lhes proporcionam prazer.

* * *

[JÚLIO] Pois é. A natureza humana para Mill é caracterizada por sensações de dor e prazer, e a consciência moral é organizada pela equação fuga da dor e busca do prazer. O argumento de perguntar às pessoas é interessante. Elas certamente apontariam como desejáveis coisas facilmente relacionáveis à redução de suas dores e ao aumento de seus prazeres.

Mas é importante não confundir esse apelo à opinião pública, método sugerido para que se constate que somos movidos pela felicidade, com a ideia de que a opinião generalizada é que define a felicidade. São coisas diferentes. Pergunte a muitos por que fazem o que fazem, e as respostas certamente poderão ser facilmente associadas a meios para diminuir dores e aumentar prazeres, mas isso está longe de significar que o que diminui a dor de José diminuiria também a dor de Joaquim.

Buscamos prazeres e fuga da dor, mas o que nos dá prazer e alívio a nossas dores nem sempre coincide. Pense no caso dos sádicos e masoquistas, por exemplo.

Mas isso também não quer dizer que não possa existir um componente social de determinação da felicidade. Quem nunca se perguntou se aquilo que busca com afinco, que diz que gosta, realmente se trata de algo de que gosta, genuinamente, ou se diz que gosta só porque todos dizem que é algo bom?

É o caso de quando conquistamos coisas que muitos desejam: os outros nos invejam e parabenizam, mas será que gostamos da coisa conquistada ou dos cumprimentos recebidos? Em resumo, até que ponto a nossa felicidade é mera organização íntima e singular dos nossos afetos e até que ponto essa organização é influenciada pelos outros?

[CLÓVIS] Excelente observação, Júlio.

A teoria de valores proposta pelo utilitarismo está escorada naquilo que a ciência moderna considera os imperativos fundamentais da existência humana. A saber: a sobrevivência, a reprodução, a busca do prazer e a redução da dor.

Esses princípios estão presentes nos argumentos propostos por Jeremy Bentham, jurista e filósofo precursor do utilitarismo. Em especial, na sua conhecida obra *Uma introdução aos princípios da moral e da legislação.*

Logo na primeira página, o autor sugere que "a natureza colocou a humanidade sob a governança de dois mestres soberanos, a saber a dor e o prazer".

Desta maneira, podemos observar que o utilitarismo pretende coincidir com aquilo que o mais genuíno senso comum considera uma vida feliz.

* * *

[JÚLIO] Curiosidade sobre Bentham. Ele também escreveu um livro chamado *O panóptico*, que afirmava ser um projeto de arquitetura que permitisse que a razão se impusesse sobre a irracionalidade. Michel Foucault realizou uma análise formidável dessa obra em seu *Vigiar e punir*.

O interessante é que, neste livro, Bentham propõe como punição aplicável aos presos a dor física provocada por uma máquina de chicotear. Por que uma máquina de chicotear? Em primeiro lugar, porque se trata, na visão de Bentham, de presos e, portanto, a punição, o ato de correção, deveria ser algo mais doloroso que o encarceramento.

Em segundo lugar, a dor física seria justa somente se aplicada por uma máquina segundo a qual não apenas o número de chibatadas mas também sua intensidade pudessem ser calibrados, de forma a permitir uma punição objetiva e proporcional com relação à conduta que a tenha justificado.

Esse é o lado político do utilitarismo. Infligindo dores e distribuindo prazeres, poderíamos organizar a sociedade de forma racional. Projetos arquitetônicos e engenhocas poderiam auxiliar na aplicação ordenada dos princípios da ordem. Mas apetrecho nenhum funcionaria bem se não houvesse algum tipo de objetividade de seu resultado.

A engenhoca de chibatar seria mais eficaz que um profissional da chibata porque a dor causada seria igual em todo e qualquer indivíduo. Havia, portanto, uma crença na objetividade da dor e também dos prazeres nos discursos sociais e políticos dos utilitaristas. Como se a dor que dói em Chico fosse igual à dor que dói em Francisco, se aplicadas com a mesma objetividade.

Isso ignora a experiência subjetiva da dor. Há quem suporte mais e os que suportam menos a dor. Qualquer dor. Há até mesmo os que buscam e sentem prazer com a dor. A engenhoca de chibatear pode ser objetiva em seu funcionamento, mas os corpos chibateados não têm nada de objetivos.

Propostas de organização social baseadas na certeza de que o prazer ou a dor de um é igual ao prazer ou à dor dos outros. Aqueles que não se engajavam bem nesta economia de prazeres e dores, não demonstrando dor diante de coisas dolorosas ou prazer diante de coisas prazerosas, deveriam ser isolados em prisões e manicômios ou reeducados em escolas.

PARTE III — INTERVENÇÃO VII

[CLÓVIS] Exatamente. O utilitarismo como teoria do valor pode ser objeto de problematização, de reflexão crítica. O primeiro nível de argumentos tem a ver com a sua perspectiva hedonista, e o segundo, com a sua perspectiva consequencialista. Comecemos pela crítica ao hedonismo.

Costuma-se acusá-lo de apresentar os seres humanos de forma indigna e também muito próxima da animalidade, da bestialidade. E isso porque, se o prazer é o único bem de valor intrínseco, a nossa existência pouco ou nada diferiria da existência do resto dos animais. Animais que, a partir da nossa observação, parecem ser regidos pelos mesmos imperativos de sobrevivência, reprodução, busca de prazer e redução da dor.

Curiosamente Mill antecipa tal crítica. Reconhece que a teoria do valor utilitarista poderia incitar na mente de leitores críticos a impressão de que ele estaria equiparando a vida do homem à vida de qualquer animal. E se Mill antecipa esse argumento é para imediatamente contestá-lo. Sua resposta tornou-se célebre. Por ser ao mesmo tempo potente e astuciosa. É como se o filósofo devolvesse o argumento a seus críticos.

Ele observa que, ao colocar o prazer e a dor como guias soberanos, como bens intrínsecos, ele não está de forma nenhuma reduzindo o homem a um animal. Quem apequenaria o homem a tal ponto seriam justamente seus críticos, por assumirem que o homem não seria capaz de prazeres superiores aos prazeres dos animais. Aí, sim, estaria a indevida equiparação entre os homens e as bestas.

Em outras palavras, Mill admite que tanto homens quanto animais sejam regidos por uma espécie de princípio de prazer e que para ambos o prazer seja de fato condição da felicidade e referência maior para os valores das coisas do mundo. Mas isso não implica nenhuma equiparação entre homens e animais. Porque os homens teriam prazeres que lhes são específicos, ausentes, portanto, do mundo animal.

Dessa forma, a fronteira entre os dois estaria preservada pela distinção entre o tipo de prazer perseguido pelo homem e o tipo de prazer perseguido pelos animais.

Os prazeres que constituiriam referência para a teoria dos valores humanos não equivaleriam aos prazeres suínos, caninos, felinos, equinos ou ovinos.

Quais seriam, então, os prazeres específicos da humanidade?

Para Mill, os humanos são capazes de formas superiores de prazer. Estes, sim, seriam legítimos para indicar a felicidade e servir de referência para a atribuição de valor às coisas do mundo e às ações humanas.

E quais seriam esses prazeres superiores? Preste atenção agora!

Para ele, os prazeres superiores, exclusivos de homens e mulheres, são todos os que decorrem de uma tangência, de uma participação conjunta da sua inteligência e das suas sensações.

Em contrapartida, os prazeres ditos inferiores são exclusivamente decorrentes das sensações dos corpos — das suas sensibilidades, das suas mucosas, dos seus atritos e preenchimentos.

Que fique claro ao leitor! Os prazeres superiores evidentemente não dispensam as sensações do corpo, mas resultam de uma participação decisiva da inteligência. E supomos que por inteligência Mill queira dizer toda e qualquer atividade do espírito. Atividade de associação de ideias, de categorização, de construção de abstrações, de pensamento, em suma.

Assim, a leitura de uma grande obra literária desperta prazeres superiores — que envolvem inteligência e sensações corporais —, enquanto uma bimbada com parceiro desconhecido em noite de bebedeira oferece a seus partícipes prazeres exclusivamente inferiores.

Vou repetir para que não haja dúvidas: para Mill, a referência mais sólida para atribuição de valor são os prazeres por ele chamados de *superiores*.

Tomemos como exemplo o desejo ardente de cópula. Não há a menor dúvida de que esse tipo de inclinação é encontrável nos animais e também no homem. Assim, os animais vivem o período do cio, e os homens, seus momentos de busca mais intensa pelo coito.

Mill não nega essa correspondência. Os homens, portanto, também se dedicam à busca de prazeres inferiores, equivalentes aos dos animais. Mas imaginemos uma relação de amor entre duas pessoas. É verdade que nela haverá desejo de cópula, por vezes, ardente. Mas esse tipo de laço vai além das inclinações carnais. Pode inclusive dispensá-las. Assim, é possível que haja nessa relação manifestações de puro carinho. Discursos poéticos. Produção de obras de arte. É possível também que aqueles que se amam se concedam gestos de generosidade e se apoiem em suas jornadas profissionais.

Nesses casos, a relação de amor vai além do coito. Requer participação do espírito, da inteligência. Os prazeres deles decorrentes são, segundo o filósofo, indiscutivelmente superiores aos prazeres sentidos pelo animal no cio ou pelo homem que se restringe à cópula.

Essa reflexão de Mill está profundamente presente nos comentários sobre relações afetivas e sobre as iniciativas que delas decorrem.

Assim, frases como "cuidado, ele só quer te comer" ou "esta mulher, a única coisa que quer é sexo, é uma devoradora de homens" ou ainda "os homens só pensam naquilo" são comuns na hora de apequenar o valor das ações de homens e mulheres nesse tipo de envolvimento.

Ainda um exemplo de como Mill defende o seu hedonismo: tanto homens quanto animais buscam a saciedade alimentar. Ambos buscam evitar a fome. Portanto, a saciedade e a fome são referências para a atribuição de valor às coisas do mundo. Tanto homens quanto animais podem buscar a saciedade através da simples locupletação do estômago.

Mas só o homem pode refletir a respeito. Se homens e animais têm prazer em deglutir alimentos, só o homem pode intelectualizar a busca desse prazer. Só ele pode converter essa busca numa fina gastronomia. Antecipar o prazer escolhendo a justaposição de ingredientes, dispondo iguarias em sucessão. Testar combinações pouco recorrentes, dispor os alimentos no prato de forma apetecível aos olhos, buscar uma combinação de cores que torne atraente a apresentação do alimento.

Assim, Mill assegura que, embora haja pontos de semelhança entre o prazer do homem e o prazer animal, só o primeiro pode tornar o prazer da ingestão de alimentos uma alta gastronomia. E combinar o estímulo do paladar com uma inteligência a seu serviço.

* * *

[JÚLIO] Excelentes exemplos, Clóvis! Insisto numa questão: a subjetividade das experiências sensíveis. Uma vez que os prazeres não são apenas respostas objetivas e imediatas a provocações feitas ao corpo, porque há uma inteligência que participa da constituição do prazer e das dores, os prazeres são não apenas múltiplos, mas confusos e também manipuláveis.

Confusos porque o modo como idealizamos e imaginamos algo estará diretamente relacionado à maneira como obteremos ou não prazer com alguma coisa. O que seria de nosso prazer sexual, por exemplo, sem a fantasia? Considerando que a fantasia de hoje pode não ser tão excitante amanhã, seja porque foi realizada ou simplesmente porque mudamos de ideia, a mutabilidade e a incerteza dão o ritmo da transformação de nossos desejos.

Explico. O coito, quando somente imaginado, é sempre perfeito. Os encaixes são anatômicos, o ambiente, agradável, tudo maravilhoso. Na hora da realidade, a fantasia perfeita que tornou o ato particularmente excitante agora é somada às intercorrências da vida prática, como o ar-condicionado excessivamente frio, o engasgo com o champanhe e o zíper da fantasia de preá que emperrou. O prazer fruído não é equivalente ao prazer fantasiado.

Outro problema é o da influência e da manipulação social dos prazeres, como no projeto político de Bentham.

Considerando que ideias são compartilhadas, parte significativa dos nossos prazeres acaba sendo quase completamente desvinculada de nossos instintos. Os objetos socialmente considerados prazerosos geram prazer pelo aplauso social, pelos tapas nas costas, pelo olhar de inveja do outro, e não necessariamente porque eles nos sejam particularmente agradáveis.

Esse tipo de prazer pode ser obtido a partir de qualquer coisa socialmente desejada, uma vez que não é o objeto ou prática que gera prazer, mas o efeito social de sua prática ou posse. Assim, nos aplaudem e invejam se somos astros da música, mas da mesma forma nos aplaudem se somos famosos atores de teatro. Pode ser que algum artista migre do teatro para a música mantendo o prazer pelo aplauso, sem saber ao certo se prefere a música à interpretação.

Para aderirmos socialmente, podemos até mesmo, de forma radical, nos contentar com uma vida dolorosa, compensando a dor de tal existência com os aplausos e afagos dos outros por vivermos uma vida que eles invejam. Vida em que se vive o prazer do outro, mas a dor é sua mesmo.

PARTE III — INTERVENÇÃO VIII

[CLÓVIS] Além da aproximação entre homens e animais, Mill antecipa outra crítica.

Afinal, a observação dos prazeres do cotidiano, de como as pessoas vivem o dia a dia na opressão das rotinas laborais e familiares, pode sugerir que o homem vive quase exclusivamente em busca de prazeres inferiores.

Assim, o lixo da cultura de massa, a pornografia virtual, o consumo da arte comercial, a instrumentalidade parecem indicar que os tais prazeres superiores de Mill — referência maior para o que vale e o que não vale — são excepcionais e restritos a grupos reduzidos.

Mill antecipa a crítica para poder rebatê-la. E o faz com a clareza de sempre.

Se o homem tiver acesso aos prazeres superiores, afirma, ele os preferirá. Mas duas são as situações que impedem esse acesso. A primeira delas seria uma educação empobrecida que distancia a criança e o jovem das experiências de prazer elevado. Uma socialização primária amputada de uma orientação para as práticas sociais de prazer mais nobre.

A segunda situação é uma perda progressiva, ao longo da vida, desse tipo de experiência prazerosa. Indivíduos que tiveram uma formação de base que os colocou em contato com o prazer elevado, mas que, no decorrer dos anos, pelas circunstâncias de trajetória, acabaram sendo forçados a se distanciar dessas experiências. Foram perdendo, aos poucos, as condições materiais, sociais e econômicas de vivenciá-las.

Essas duas condições existenciais explicam, segundo Mill, a relativa raridade, ou mesmo inviabilidade, da busca de prazeres superiores por parte de um número muito significativo de pessoas.

Isto é, seja por falta de educação primária, seja pelas dificuldades da vida adulta, os que podem, com relativa frequência, se dar ao luxo desses prazeres cabem todos numa galeria de arte, na sala de um cinema alternativo ou em torno das mesas de uma biblioteca pública de bairro.

Mas essa fragilidade estatística, para Mill, em nada muda o prazer superior como fundamento de uma teoria do valor. É bom e tem valor positivo aquilo que permite ao homem a experiência de prazeres superiores que reúnem sensações agradáveis do corpo com uso elevado da inteligência.

Assim, se vivemos numa sociedade em que as experiências de prazeres superiores se fazem raras, é porque nela grande parte das coisas e das condutas humanas tem valor negativo. Uma sociedade melhor e mais justa deveria poder permitir a seus agentes integrantes a experiência desses prazeres mais amiúde.

O mesmo diríamos em relação à formação escolar. Nossa educação formal parece não ter lugar para o prazer. O preparo intelectual oferecido é legitimado por certo tipo de trajetória social esperada do aluno — uma eficácia de desempenho em situações de seletividade e competitividade, raramente de prazer.

A longevidade — restrita aqui a viver um número maior de anos — também pode ser problematizada à luz do critério de Mill. Todos nós em tempos atuais parecemos profundamente preocupados com as condições físicas, orgânicas, de saúde, por conta do pertencimento a um universo social altamente concernido por esse problema.

Viver por mais tempo tornou-se uma obsessão para muitos. Pílulas de todos os tipos e atividades físicas em sofisticadas academias converteram-se em imperativos. Morrer antes dos 80 carimba a vida de fracasso inelutável. No entanto, não há a mesma preocupação com o desfrutar de prazeres elevados.

Em outras palavras, Mill nos diria que vivemos cada vez mais e pior. Reduzindo, por exemplo, a dieta a uma questão nutricional. Ou encurtando intervalos. Para não perder tempo, como se diz.

Assim, comer estritamente em função de alimentar-se, com proteínas, carboidratos, vitaminas e nutrientes em geral seria, para Mill, abrir mão do que a alimentação tem de melhor, o prazer superior que pode proporcionar. E o mesmo vale para engolir em pé um salgado ou lanche para voltar o mais rapidamente possível ao serviço.

Nos dois casos, explica Mill, o mais importante da vida, isto é, aquilo que tem maior valor, fica descartado em nome de uma longevidade física ou de uma eficácia profissional que não têm, ambas, nenhum valor em si mesmas.

* * *

[JÚLIO] É preciso esclarecer, Clóvis, que a educação que permite experimentar os prazeres superiores não é aquela que aponta, item a item, o que é valioso e o que não é.

Não se trata de simplesmente dizer que a música de Mozart é mais valiosa do que o funk da moda. Isso é doutrinação, dominação pelo gosto.

A educação para a fruição dos prazeres de mais alto nível visa à autonomia intelectual. Com autonomia é possível compreender as coisas e o prazer a elas inerente. É possível construir ou fantasiar com mais riqueza.

Voltando à música, seria o caso de usar Mozart ou o funk não para rotulá-los e classificá-los, mas para entendê-los, ensinar a perceber suas nuances, suas características, seus significados e rituais. Entendê-los, e não apenas decorar o modo como são classificados.

Na falta de recursos intelectuais, educacionalmente adquiridos e desenvolvidos, o que resta é a imitação. Adesão irrefletida à moda. Vida sem autonomia intelectual cujo único prazer desloca-se da percepção fantasiosa produzida pelo indivíduo para o aplauso da massa.

Não é à toa que estes tempos de educação em baixa, de verdadeira aversão a tudo que lembra atividade intelectual, também são tempos de uma autoexposição inédita. Tempos de privacidade em baixa, fora de moda. Expor-se é o preço que se paga por um prazer que já não está mais no que se faz ou se deixa de fazer, mas no reconhecimento social pelo que se faz ou se deixa de fazer. Mesmo quando o fazer é algo besta como comer um pão de queijo com café pingado.

É curioso como em menos de cinquenta anos passamos de uma ordem social em que os prazeres eram reservados a espaços íntimos, para poucos, para uma ordem em que os prazeres devem ser fotografados e compartilhados com milhões de espectadores.

Antes, o prazer do jantar sofisticado. Agora, o prazer de contar ao mundo sobre o jantar sofisticado. Prazer dos joinhas ou *likes* — como se o jantar perdesse o seu valor como experiência e adquirisse valor como elemento de exposição, como atrativo de aplausos sociais, estes, sim, definidores do prazer.

PARTE III — INTERVENÇÃO IX

[CLÓVIS] Sua intervenção é perfeita. E "antenada". Apresentadas as contestações ao hedonismo, vale a pena apontar algumas críticas à perspectiva consequencialista da teoria de valores de Mill.

Denominamos "consequencialista" porque, segundo ela, o valor de qualquer conduta ou questão moral, bem como o valor de qualquer coisa para o homem, dependerá de uma consequência, de um efeito, de um resultado de utilidade sobre este homem.

Em outras palavras, o valor de uma conduta humana não está na intenção de quem age, tampouco no seu gesto, mas sim nas suas consequências, nos seus efeitos. No caso do utilitarismo, na eventual felicidade que proporciona a todos por ela afetados.

Dessa forma, para atribuir valor a x, o avaliador pode começar jogando x no lixo. Porque o valor não está nele. Tentar analisá-lo é afastar-se da tarefa.

Toda atribuição de valor exige espera, paciência. Ver o que acontece, os efeitos que enseja, as consequências que acarreta. É o exame destas últimas que importa.

Ora, a primeira dificuldade é que qualquer coisa ou conduta humana em contato com várias pessoas poderá ensejar afetos distintos: felicidade para uns e infelicidade para outros; prazer para uns e dor para outros; deleite para uns e nojo para outros.

Assim é o valor de uma salada de quiabo, de uma pessoa nua de proporções exageradas, de uma canção. Poderá ensejar afetos contraditórios em quem as contemple, em quem com elas se relacione.

Isso nos obrigaria a aceitar que uma mesma coisa ou conduta possa ter diferentes valores, possa ser ao mesmo tempo boa ou ruim. Ter valor ao mesmo tempo positivo e negativo. Dizemos que o valor é relativo à felicidade que enseja e, portanto, às pessoas a serem afetadas.

* * *

[JÚLIO] Lembro de um exemplo de Leibniz.

A chuva que frustra o piquenique de um casal de namorados é a mesma chuva que permite ao agricultor uma safra abundante. Um mesmo evento que é maldição para uns é bênção para outros.

Mas além de o valor variar entre indivíduos, porque todos somos afetados de maneira particular por eles, também há variação do valor no tempo, como apontado há pouco.

Dependendo do momento em que avaliamos alguma coisa, seu valor muda, pois toda ação provoca desdobramentos que simplesmente não controlamos, e a cada desdobramento uma nova situação nos afeta, prazerosa ou dolorosamente.

PARTE III — INTERVENÇÃO X

[CLÓVIS] Sem dúvida.

Um segundo ponto costumeiramente considerado frágil em teorias de valor consequencialistas está na própria relação de causalidade entre o objeto do nosso juízo de valor como causa e a felicidade como consequência.

Porque raramente afetos em geral decorrem exclusivamente de uma causa, mas resultam de uma combinação de causas nem sempre orquestradas, combinadas, nem sempre em mesmo sentido. Assim, um estado afetivo é costumeiramente decorrente de situações complexas em que várias unidades de real afetam os prazeres e as dores sentidas por alguém.

Imaginemos uma jovem paulistana que, na sequência de um desagravo amoroso, decide passar o final do ano em Punta Del Leste, cidade balneária do Uruguai. A situação é de relativa tranquilidade econômica. Aqueles dias serão de descanso, de férias. O hotel é agradável. A meteorologia acena com dias lindos e temperatura adequada para a praia. E, nesse contexto, essa jovem encontra um turista argentino. Na sua companhia, vive bons momentos.

Ela, então, imputa a esse encontro a causa da sua felicidade. Por isso, tem o turista na mais alta conta. Valor positivo. Esse juízo resulta de um nexo de causalidade estabelecido por ela entre sua felicidade e a companhia do jovem *hermano*.

Assim procedendo, ela exclui muitos outros dados da sua experiência naquele momento que também podem ter determinado as boas sensações. É um diagnóstico incompleto, ou completamente equivocado.

Essa jovem só se dará conta do erro de avaliação no reencontro. Marcaram em São Paulo. Uma semaninha. Para ela, em plena agitação profissional. Ele aparentemente vive desses encontros apenas.

Ela vai buscá-lo no aeroporto de Guarulhos. Sexta-feira no final da tarde. Deslocamento custoso. O voo que traz seu convidado atrasa. Ele chega reclamando da fila e do tratamento que recebeu na imigração. Estende a todos os brasileiros a conduta aduaneira que o entristeceu. O trânsito não melhorou.

Antes de chegar na metade do caminho, já tinha percebido a bobagem. Não era bem aquele indivíduo no banco de passageiros a causa das boas sensações de Punta. A felicidade vivida era certamente resultado de outra coisa.

Nada impede que nessa complexidade de relações causais próprias a toda situação alguns elementos de realidade sejam causas de prazer e outros de dor, determinando um estado afetivo híbrido que resulta de complicada equação, de contraste entre positivos e negativos. Um verdadeiro balanço de afetos. Assim é comer bacalhau ouvindo fado.

* * *

[JÚLIO] Isso se dá porque nossa atenção é seletiva. Somos incapazes de nos concentrar em todos os fatores que afetam simultaneamente nossa sensibilidade.

Imagine que agora, neste instante, você, leitor, está sendo afetado por uma determinada temperatura, sons e ruídos variados, diferentes sensações táteis. Sentidos a mil. Repare que lhe é impossível concentrar-se em tudo o que o afeta neste instante ao mesmo tempo. Dá apenas para se concentrar em um ou poucos fatores por vez. O problema não é apenas de concentração, é também de atenção mesmo.

Os prazeres e dores que nos movem, segundo a perspectiva utilitarista, não são a resultante de várias sensações, mas o efeito de uma ou outra causa em detrimento das demais.

De tantos fatores de excitação de nossa sensibilidade, um se destaca pela grandeza do prazer ou dor provocada e se impõe sobre os demais fatores. Quando esse fator preponderante desaparecer, outro se imporá à nossa percepção seletiva, cujos critérios de seletividade não controlamos.

Não dá para escolher o que prevalecerá nos nossos afetos. O prazer de comer um pudim não se impõe sobre o de um quindim por escolha, mas pelos vários fatores psíquicos e sociais que afetam nossa sensibilidade.

PARTE III — INTERVENÇÃO XI

[CLÓVIS] Um terceiro problema de toda teoria de valor consequencialista é estabelecer o limite de consequências. Dado que cada consequência também pode ser causa de novas consequências, resta saber até onde temos que ir para realizar um juízo de valor adequado.

Afinal, como já colocado, nada impede que uma coisa ou conduta humana enseje num primeiro momento felicidade, prazer, eliminação de dor e estes, na sequência, causem consequências nefastas.

Assim, um cigarrinho depois do café acalma, mas destrói o pulmão. Uma pílula de *ecstasy* potencializa o tato, mas gera dependência. Um vinhozinho relaxa, mas pode trazer dor de cabeça. Um sexo frenético desperta orgasmos múltiplos, mas cria expectativas de amor eterno.

Toda consequência útil, geradora de felicidade, poderá ser também causa de efeito oposto. Infelicidade, ganho de dor e ausência de prazer. Nesse caso, cabe-nos perguntar se os efeitos de segunda mão — cronologicamente mais distantes da causa a ser julgada — seriam inferiores aos de primeira mão.

Ora, essa assertiva é absurda. Efeitos são efeitos. Isto é, ocorrências que inexistiriam sem suas causas. Enquanto tal, gozam do mesmo estatuto. Não há consequências de primeira classe e as outras. Ou são consequências ou não são.

O que temos é complexidade. Felicidade antes, infelicidade depois. E por que não pensar na ordem inversa? Um primeiro efeito de infelicidade, de dor, que por sua vez é gerador de felicidade posterior.

Como um tratamento dentário, como uma operação de desvio de septo, como uma separação em relação problemática. Que num primeiro momento sempre causa uma certa solidão, mas num segundo momento pode permitir um encontro alegrador.

* * *

[JÚLIO] Além de ser difícil estabelecer um limite para avaliar os efeitos de nossas ações, pelo mesmo motivo é praticamente impossível prever todos os efeitos por elas ensejados.

Os desdobramentos de uma conduta são sempre múltiplos e imprevisíveis em termos afetivos. Não apenas não sabemos quais serão todas as consequências de comer um ovo cozido, por exemplo, como não sabemos como ele nos afetará, prazerosa ou dolorosamente.

Imagine que você tenha escolhido comer uma pizza de calabresa para jantar. No meio da noite, você acorda com sede, efeito da pizza salgada. Sonolento, levanta-se e vai para a cozinha beber água. Acende a luz e acaba por espantar um ladrão que estava no seu quintal. Assustado, ele foge tão apressadamente que não vê o carro que o atropela.

Numa sequência de causas e efeitos, escolher a pizza causou a morte do ladrão, mas, cá para nós, isso era previsível? E, ainda que fosse, é possível dizer com precisão o que você sentiria numa situação dessas? Você se sentiria culpado ou feliz pelo ocorrido? Esse evento seria um prazer ou uma dor?

É fácil dizer, até mesmo de forma bem assertiva, o que você sentirá diante de um caso hipotético. Fácil dizer que não sentirá tentação alguma diante de uma mala de dinheiro que lhe oferecem para fazer algo ilegal, mas o fato é que você somente saberá se ficará tentado ou não na hora em que realmente houver uma mala recheada de dinheiro à sua frente. É difícil avaliar nossos afetos antes de eles serem efetivamente provocados.

PARTE III — INTERVENÇÃO XII

[CLÓVIS] Acontece, meu caro Júlio, que no utilitarismo as referências para a atribuição de valor também se apresentam como fundamentos da moral. Assim, uma ação será moralmente justa quando proporcionar felicidade e moralmente injusta quando proporcionar infelicidade.

Como vimos, felicidade ou infelicidade resultam de uma equação entre prazeres e dores. Essa forma de elaborar juízos morais, avaliando a ação a partir da quantidade de felicidade que ela enseja, nos leva a concluir que a moral das ações humanas é uma questão de grau, e não de categoria.

Dessa forma, não podemos falar em ações absolutamente justas que se contraponham a outras, injustas. Mas devemos falar em ações mais justas do que outras e em ações mais injustas do que outras. Ações melhores e piores do que outras.

Isso porque a felicidade absoluta ou a infelicidade absoluta, que permitiria um juízo moral de uma ação absolutamente boa ou absolutamente má, não existe. A felicidade absoluta e a infelicidade absoluta são, quando muito, racionalizações utópicas, nos moldes dos ideais.

Imaginemos que um indivíduo espanque outro. Essa conduta será moralmente mais condenável do que se ele furtar um picolé num bar. Porque o grau de dor proporcionado pelo espancamento determina uma infelicidade superior à proporcionada pelo furto.

Assim, a régua do valor da conduta é a mesma régua da felicidade ou da infelicidade proporcionada por ela.

Isso nos faz pensar que toda eventual dificuldade que tenhamos em medir a felicidade e a infelicidade como efeito de uma conduta é imediatamente transferida para o juízo de valor da conduta que lhe dá causa. Isto é, se eu não tenho certeza do nível de felicidade proporcionado, também não poderei ter certeza do valor moral da conduta.

Portanto, a teoria moral utilitarista depende de uma competência para aferir a maior ou menor felicidade ou a maior ou menor infelicidade das pessoas que são, digamos, impactadas pela ação a ser julgada.

* * *

[JÚLIO] É importante salientar, Clóvis, que é justamente a incompetência para aferir o grau de felicidade ou dor do outro que caracteriza o canalha.

Não que o canalha seja, de fato, incapaz de fazê-lo. Não se trata de incompetência por falta de virtude, mas por indiferença para com o outro. Incompetência porque ele acha que a felicidade ou a dor do outro não lhe compete. Não é problema dele.

É difícil esperar que alguém que não liga muito para os outros avalie bem benefícios e malefícios em relação aos seus semelhantes. Quando um grande benefício para outro requer um pequeno dissabor pessoal, o canalha não cede.

É o contrário do herói, que comete grande sacrifício em prol do outro. O canalha sacrifica o outro desde que isso signifique algum ganho. Raciocínios utilitaristas podem ser, se ignorada a perspectiva social de que bom é aquilo que alegra ao maior número, sedutores para o canalha, mas utilitarismo nenhum chancela perspectivas canalhas.

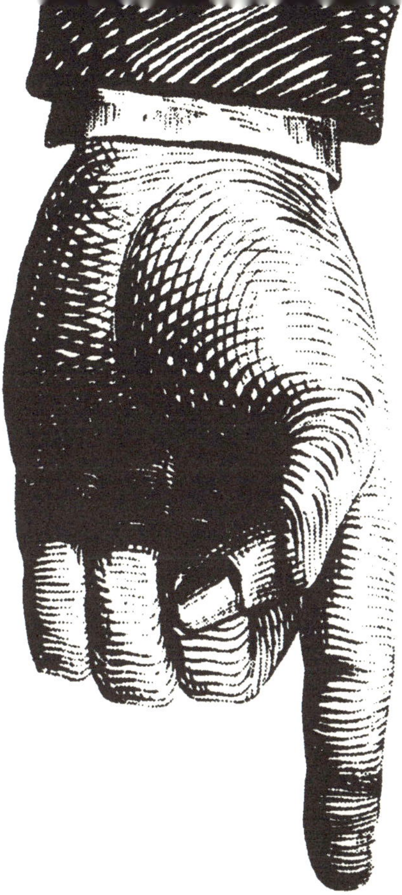

PARTE IV

FIDELIDADE E TOLERÂNCIA

[CLÓVIS] Fidelidade é um valor, antes de tudo, porque tem a ver com a nossa liberdade de escolher como queremos viver e conviver. A fidelidade é valor que pressupõe uma relação entre o presente, instante em que vamos decidir o que fazer, e o passado, isto é, aquilo que já fizemos, dissemos, prometemos e oferecemos em garantia. Toda fidelidade, portanto, tem uma referência no pretérito, naquilo que já foi.

Ora, esse passado que serve de referência certamente não está à nossa disposição no mundo porque, como sabemos, o passado não é um tempo do mundo, não é um tempo da matéria, um tempo em que as coisas possam estar.

O passado é um tempo da alma, do espírito, das atividades da mente. O que chamamos de passado nada mais é do que uma produção mental do presente a respeito do que já foi. O passado, portanto, é memória. Nada mais do que isso. Ausente na matéria e na natureza, mas fundamental na vida e no espírito do homem.

Agir em respeito ao valor da fidelidade é servir-se do passado para deliberar sobre o presente. É recorrer à memória para decidir sobre a vida de carne e osso. É confirmar a própria história, a própria trajetória na hora de tomar decisões. É promover uma sintonia, um alinhamento entre o passado do presente e o presente do presente; entre aquilo que lembramos que aconteceu e aquilo que está por acontecer.

Fidelidade é condição de alguma identidade. Afinal de contas, se tivermos por hábito negar a cada instante o já vivido e seus compromissos, estaremos destruindo toda possibilidade de continuidade entre o que já vivemos e o que estamos vivendo.

Uma continuidade do "eu" que permanece por detrás da usura, da corrupção e da deterioração orgânica. Por isso, o respeito às decisões, aos discursos e também às condutas do passado é condição de uma crença compartilhada na existência de um "eu" que perdura. Condição da identidade, portanto.

* * *

[JÚLIO] O passado é só memória; o futuro, só expectativa. Na existência há uma única dimensão de tempo: o presente, o instante, o agora, o já.

Se há um "eu", esse "eu" existe agora. Mas existe agora com os afetos deste instante. E neste instante com a memória de momentos já vividos. Também com a expectativa de momentos por viver. Somos os três. Mesmo sem que haja três dimensões físicas de tempo. Aqui, agora, neste instante, há sensações, memórias e expectativas.

Quando nos cobram fidelidade, exigem de nós a obediência a normas e convenções baseadas na memória que outros possuem de nós. Por exemplo, aquele que conhece uma moça, xaveca; a xavecada é bem-sucedida, e de xaveco em xaveco eles ganham intimidade. Jantam juntos. Depois rumam para um lugar mais reservado. Ocorre a cópula.

Há de se esperar que na manhã seguinte não seja mais necessário passar por todas as etapas da conquista — da primeira xavecada à cópula. Há de se esperar que nessa relação as pessoas tenham alguma segurança para partir do já vivido, da memória do dia anterior.

Se o rapaz liga para a moça e ela diz "Não te conheço. Você hoje é outro. Eu hoje sou outra. Nunca te vi na vida. Você é louco. Não me telefone mais!", então essa expectativa não foi correspondida, o que gera uma frustração que pode ser tida como infidelidade à memória que se possui da outra pessoa.

Mas esta não deixa de ser uma fórmula estranha, porque o passado, que é a minha memória neste instante, pode não corresponder à memória que outra pessoa tem de mim neste mesmo instante.

Os meus amigos do segundo grau — na época em que eu estudei se chamava assim — fazem encontros a cada década. São pessoas que não se veem nem se falam por dez anos e de repente se reúnem. Há muita frustração no encontro. Porque as pessoas vão com a expectativa de que encontrarão ali aquele sujeito de dez anos atrás. Vão com a expectativa de que retomarão aqueles relacionamentos de amizade do mesmo ponto em que foram interrompidos dez anos antes.

Contam histórias de dez anos atrás. Histórias nas quais figuro como personagem, mas das quais sou capaz de jurar que nunca participei. A memória deles não é igual à minha. Eles não me parecem os mesmos de uma década atrás. São outras pessoas. O encontro é muito estranho. Quando as pessoas têm memórias diferentes de nós, nutrem expectativas diferentes sobre como vamos nos relacionar.

E, quando não correspondemos a essas expectativas, somos de certo modo acusados de infidelidade — uma infidelidade que seria difícil evitar. Requereria que todos nós fôssemos capazes de ter uma objetividade de conteúdo de memória; que as memórias fossem iguais; que nos lembrássemos das mesmas coisas; que tivéssemos atribuído no passado os mesmos significados e os mesmos valores àqueles instantes e fôssemos todos plenamente capazes de retomar exatamente do mesmo ponto outrora vivido o mesmo estado de espírito.

Há outro lado curioso. Às vezes, somos cobrados e nos cobramos a partir daquilo que fomos um dia. É a cobrança de uma espécie de coerência para com nossa trajetória histórica. E, portanto, alguém que é heterossexual e vascaíno, se no dia seguinte aparece no serviço com outro nome, agora Shirley, outro time de futebol e diz "mudei, agora sou outra", os amigos lhe cobrarão fidelidade para com sua trajetória.

Eles vão censurá-lo, aliás, censurá-la, por essa traição, essa infidelidade à imagem de si mesmo. Caçoarão e exercerão outros tantos tipos de censura social. Perceba que, ao trair a sua história, as expectativas e a memória, Shirley poderia ser fiel ao "eu" de hoje, ao "eu" do instante. Se só existimos no instante, que é sempre inédito, a fidelidade a nós mesmos pode significar a infidelidade a memórias alheias, o que por sua vez pode ser frustrante para os outros.

Aliás, não só aos outros: muitas vezes a ideia de fidelidade a nós mesmos como uma correspondência aos afetos do "eu" deste instante pode configurar uma traição ao "eu" de uma trajetória histórica, ao "eu" da memória. E vice-versa.

Para manter a coerência histórica, para agirmos de maneira a não frustrarmos a imagem que fazem de nós e não sofrermos as consequências sociais dessa frustração da imagem que fazem de nós, cedemos. E quando o instante é triste, nós rimos, porque o que esperam de nós é a alegria. E no instante em que somos afetados de alegria, choramos, porque aquilo que esperam de nós é a tristeza. E assim os outros nos aplaudem pela fidelidade identitária enquanto traímos os nossos afetos. Traímos o "eu" do instante.

PARTE IV — INTERVENÇÃO II

[CLÓVIS] O professor Júlio toca num ponto central que de resto nos afasta. Instaura-se entre nós como divergência. Ponto de cizânia. Afinal, em que consiste ser fiel?

Partamos de um exemplo absolutamente corriqueiro e dele retiremos algumas inferências.

Alguém num momento de sua trajetória, apaixonado nos quatro pneus, como se diz, com todas as células em sinfônica, aplaudindo algum tipo de enlace como o matrimonial, declara ao pé do altar, ante o olhar enternecido de todos, que será fiel. Fidelidade esta que implica certo número de comportamentos vindouros, entre eles, certa exclusividade sexual — aliás, uma absoluta exclusividade sexual.

O casal vai à lua de mel, as células continuam em sinfônica, tocam Mahler, Beethoven, Schubert, e os dias se seguem. Como é sabido, com o passar do tempo, algumas células morrem, outras se reproduzem. A citologia ajuda a explicar. Alguns neurônios falecem etc. O corpo se transforma, em suma. Junto com ele, transforma-se o mundo que circunda o casal. E aquela orquestra sinfônica afinada e preparada para tocar apenas diante do ser amado começa a desafinar.

Começam a soar acordes por outras unidades de real, por outros corpos, outras situações. O cônjuge aqui e acolá, na presença do outro, começa a sentir enfado, tédio e tristeza. Na falta, uma paz que reconforta. Nenhum desejo de aproximação.

Os dias se seguem. Já vão longe os momentos de sinfônica afinada. Acordes paralelos cada vez mais se fazem escutar. Cada vez mais cada instrumento atira para um lado, e o maestro parece perder o controle.

É nesse momento, professor Júlio, que aparece Gertrudes ou Giácomo. E, com o casamento já dando sinais de usura, as células daquele cônjuge começam a se organizar em bateria de escola de samba pelos novos pretendentes.

Pois muito bem. Insistimos aqui que fidelidade só é valor moral quando é respeito às declarações feitas outrora e alhures. Ao sopé do altar, por exemplo. E só interessa como valor moral exatamente quando contradiz as inclinações afetivas do presente.

Porque dizer "sou fiel aos meus desejos" é aproximar a fidelidade à mais estrita animalidade. Desvalida e indiferente. Se fidelidade é ir atrás das excitações do instante, pois então leopardos, gazelas e samambaias seriam todos superfiéis, regidos pelo valor da fidelidade. O que é absurdo. Todos esses animais são regidos pela sua própria natureza, pelo instinto. Por sua animalidade específica ou sua vegetalidade.

Se fidelidade é valor moral, é porque requer transcendência, descolamento face a natureza. Ir além das células. Pressupõe a nossa autonomia e soberania frente à inclinação afetiva do momento. É uma atitude de respeito às declarações do passado. À própria palavra. A si mesmo, portanto. Até aqui estamos de acordo, suponho.

Acontece que não há na verdade conflito entre a fidelidade ao que foi dito antes e a fidelidade ao que se sente hoje, porque ser fiel é justamente dar primazia ao pactuado, comprometido, avençado, apalavrado antes, em detrimento das inclinações, desejos e pretensões do presente.

E esse valor da fidelidade ganha todo o seu colorido justamente quando os compromissos do passado não estão alinhados às pretensões mais apetitosas do presente. Quando a estratégia necessária para alcançar o desejado naquele momento é incompatível com acertos do passado.

Penso que a fidelidade só é tema importante e só é valor relevante quando justamente as inclinações afetivas do presente desmentem os discursos do passado.

Porque, quando tudo continua como sempre foi e a orquestra sinfônica segue tocando pelo mesmo cônjuge, não há que falar em fidelidade. O que há é amor. Amor que permanece. Amor que continua. A fidelidade é uma espécie de sucedâneo do amor. Já que o amor não existe mais, faça como se amasse. Seja fiel.

* * *

[JÚLIO] Já que o professor Clóvis usou a metáfora musical, vou tomar a liberdade de usar outra. Aquela relação que começa top, num ritmo agitado, mas de certa forma ordinário, e se intensifica virando um rock progressivo, cada vez mais sofisticado, harmônico, mas que depois de tanta harmonia desanda e nos leva a pensar: "Vamos variar para salvar a relação".

Momento em que as pessoas se viram. E aí rola um *heavy metal*, um *trash metal*, um *punk*. As pessoas percebem que é impossível sentir e manter as mesmas alegrias, os mesmos afetos sentidos quando do primeiro encontro, ou seja, impossível sentir no pós-*punk* os mesmos afetos do momento *pop*. Porque a cada instante somos outros. A cada instante somos seres afetados por um instante a mais, ou de alegria ou de tristeza.

Podemos, sim, escolher ser fiéis aos afetos do passado, mas na escolha moral pela fidelidade invariavelmente somos traidores, ou de memória ou de expectativa.

O que quero destacar aqui é a ideia de que fidelidade é relação. Somos fiéis para com alguém. E, em sendo fiéis para com alguém, agimos em correspondência com a memória desse alguém. Pode-se dizer que poderíamos ser fiéis para conosco, mas em sendo fiéis para conosco deveríamos escolher não contrariar a memória que temos de nós mesmos, e ainda assim, na fidelidade moral, podemos muito bem ser acusados de infiéis, porque honramos a memória que temos de nós embora essa memória não corresponda à memória que os outros têm de nós.

E mais: aquilo que chamamos de memória não é um dado do passado, e sim do presente. Boa parte das lembranças da nossa infância muito provavelmente não ocorreu exatamente como somos capazes de jurar que ocorreu. Nossas memórias são sempre distorcidas porque dentro de nós, no nosso espírito, ainda que sejamos capazes de conceitualmente separar os nossos afetos, as nossas emoções, os nossos sentimentos daquilo que chamamos de razão, o fato é que não somos duas coisas.

Não somos duas substâncias, duas coisas que tenham existências autônomas. Uma delas, razão; a outra, sentimento. A nossa razão, o nosso pensamento, é afetada por aquilo que sentimos. E o contrário também ocorre. A partir daquilo que pensamos, as nossas emoções se alteram. Por isso, as nossas escolhas morais podem ser, em certo aspecto, contra-afetivas, dolorosas.

Imagine aquele homem que se casa com uma mulher e depois começa a olhar a cunhada com desejo — esse eterno símbolo de erotismo, do amor-desejo (só lembrando: amor-desejo é o amor pelo que não se tem).

As cunhadas são um grande símbolo erótico porque a cópula com elas costuma ser difícil, já que se trata da irmã da esposa. E aí dizem desse homem: "Ele não sabe o que quer. Se quer a esposa ou a cunhada". Pode ser que seja o contrário, que ele saiba muito bem o que deseja. Quer a esposa *e* a cunhada. E, se der mole, aquela prima de Botucatu rola também. E não quer em sequência. Quer simultaneamente.

O problema é que a sociedade exige escolhas e nos impõe restrições. Na hora da restrição, espera-se de você que aja de acordo com as expectativas geradas a partir do que você fez no passado. Que você seja, portanto, fiel.

Repare que não há aqui um código moral universal que define o que é ou não traição, mas apenas as expectativas dos outros sobre nós. É possível, por exemplo, que uma relação seja baseada na poligamia. Que um cônjuge se sinta traído quando não encontra o outro com muitas pessoas.

É uma questão contratual. Mas um contrato cujas cláusulas são escritas na memória, que pode muito bem ser afetada ao longo do tempo. Contrato cujas cláusulas se transformam com o tempo, às vezes, sem que percebamos.

Portanto, da mesma forma que mudamos de identidade ao longo do tempo, da mesma forma que não somos mais os mesmos que éramos aos 15 anos, da mesma forma que nós, como se diz por aí, amadurecemos ou envelhecemos, nos transformamos durante esse processo. Nossas ideias mudam, nossos sentimentos mudam, nossa razão muda junto com os sentimentos. E as cláusulas objetivas que devemos seguir para sermos fiéis também mudam.

PARTE IV — INTERVENÇÃO III

[CLÓVIS] Penso que a fidelidade enquanto respeito ao passado e à memória é condição da confiança. Só o fiel é digno de confiança. E por quê?

A confiança é sempre uma certeza. Uma certeza do pensamento. Produção do intelecto que tem por objeto alguma coisa muito específica. A confiança é a certeza sobre coisas que não podemos nem demonstrar nem verificar. Digamos que ela é uma certeza na impossibilidade da confirmação imediata.

Ora, não sendo possível a demonstração, a verificação ou qualquer tipo de comprovação, de onde viria essa certeza? Pois muito bem: ela resulta de uma trajetória compartilhada, de um passado, de um respeito às experiências já vividas. Essa certeza tem como forte premissa certa conservação das coisas.

É preciso destacar que a confiança tem importância ética quando a certeza tem por objeto o comportamento do outro. Haverá muitas confianças que não são isso. Eu posso ter certeza agora, às 16 horas, que o sol vai se pôr. Essa certeza decorre de certa trajetória no mundo. Trata-se do respeito às experiências já vividas com o astro-rei. Mas não tem importância ética alguma.

A confiança é eticamente relevante quando tem por objeto o que as pessoas que estão por perto podem estar fazendo ou poderão vir a fazer. E a confiança é fundamental porque quase nunca podemos verificar esse comportamento. Seja pelo tempo, seja pelo espaço. Não tem como estar presente nem no amanhã, nem longe dali.

É o caso de quem contrai matrimônio para a vida inteira. A decisão de se casar, essa é tomada ali mesmo. No estrito presente. O que o cônjuge vai fazer amanhã, ou às vezes até mesmo o que ele está fazendo agora, distante de você, é de verificação impossível. Portanto, resta a confiança. Ou a desconfiança.

Ora, essa certeza a respeito do comportamento do outro pode resultar de um passado compartilhado. Nesse caso teríamos uma confiança de continuidade.

De permanência. Meu primo sempre agiu dessa forma, então eu confio que ele agirá da mesma maneira agora ou amanhã.

Mas essa não é a única forma de confiança nas pessoas que pode existir. Se assim fosse, toda relação teria que começar na mais absoluta desconfiança. Na ausência de um passado compartilhado, a confiança seria impossível. Deveria haver uma desconfiança de princípio. E não é o que acontece. Pelo contrário.

Se alguém que você nunca viu e, portanto, com quem nunca compartilhou experiências te disser que se chama Antônio Carlos e é mecânico, você tenderá a supor a veracidade dessa afirmação. Quando você entra numa aeronave, muito embora nunca tenha visto o comandante, tampouco as aeromoças, você não pede para verificar a turbina ou solicita alguma autorização oficial para pilotar.

Você presume que o que está sendo implicitamente afirmado ali é verdadeiro. Portanto, existe uma confiança genérica, impessoal. Que é fruto de uma fidelidade presumida. Na relação com quem quer que seja.

Portanto, sustentamos aqui que, sendo a confiança uma espécie de reflexo da fidelidade genérica e presumida ou fidelidade pessoal e historicamente compartilhada, ela não é enquanto tal um valor, e sim consequência de um valor.

Porque só há valor quando há liberdade para deliberar. Nesse sentido, a escolha não está em confiar ou não confiar. A escolha está em ser fiel ou não ser fiel. Tanto é assim que muitas vezes gostaríamos muito de confiar em quem não confiamos mais. Ou então confiamos em quem deveríamos desconfiar.

A confiança é uma certeza que se impõe à nossa vontade — não resulta dela, diferentemente da fidelidade. Esta, sim, é objeto da nossa escolha. Referência que podemos usar para a nossa vida ou não.

Ser fiel ou infiel está nas suas mãos. Confiar ou desconfiar está nas mãos de quem é digno ou não dessa confiança.

* * *

[JÚLIO] Enquanto a fidelidade é o respeito à memória, a confiança é uma referência ao futuro, às expectativas. Expectativas essas que na imensa maioria das vezes não podemos confirmar.

Pensemos, por exemplo, em alguém que vai ao banco e pede um empréstimo. O banco diz que empresta a quantia desde que o cliente cumpra certos requisitos: que assine contratos, notas promissórias, que apresente bens em garantia ou uma pessoa que, caso o solicitante não honre o contrato, caso seja infiel em relação ao banco, assuma o seu lugar como devedor.

O bem dado em garantia chama-se *fiança*. Aquele que aceita assumir a dívida em seu lugar é o fiador. Quando há fiança ou fiador é porque não há confiança. É a tentativa de eliminar a incerteza sobre o futuro. O banco exige toneladas de papéis. Toneladas de garantias. E, muitas vezes, empresta e não vê de volta a cor do dinheiro. Espera receber de volta o valor emprestado mais juros extorsivos, mas às vezes se vê frustrado na sua expectativa, apesar de todos os papéis e garantias.

O fato é que, sendo cada instante inédito, sendo cada um de nós a cada instante um novo "eu", a incerteza é a condição que rege a existência. E, sendo ela uma condição, nós moralmente escolhemos confiar ou desconfiar.

Imagine aquele que desconfia de forma radical. O amigo liga e diz: "Vamos jantar. Você é meu convidado. Quinta-feira, às oito da noite". E o desconfiado pensa: "Quem me garante que haverá jantar? Quem me garante que você não mudará de ideia? Quem me garante que um terremoto não ocorrerá e o seu apartamento desabará? Quem me garante a ponto de eu poder ficar tranquilo e não ir ao mercado comprar nenhum alimento caso essa expectativa de jantar não se realize e eu me veja desprovido de alimentos para preparar o meu jantar?".

Poderíamos levar a desconfiança à radicalidade, mas aí seríamos completamente antissociais. A vida e as relações com o mundo se tornariam impossíveis.

Se atravessamos uma rua, sabemos que, caso uma jamanta carregada de concreto passe por cima de nós, a chance de sobrevivência é mínima. Sabemos que ao sair de casa, se um avião cair sobre nossa cabeça, a chance de sobrevivência é mínima. Sabemos que ao sair de casa — ou mesmo sem sair dela, basta que nos sentemos próximos à janela —, se uma bala perdida nos atingir, dificilmente sobreviveremos. Mas ainda saímos — ainda assim nos sentamos rente à janela. Ainda assim atravessamos a rua. Por confiança. Ou confiamos, ou não vivemos.

Confiamos porque somos capazes de entender o princípio de incerteza que rege a existência. Ou há moralidade nessa tentativa de afastar as incertezas, ou há a ilusão de que o mundo poderia ser mais previsível do que ele é.

Quando casamos, dizemos "sim" diante de um sacerdote ou uma autoridade civil. Assinamos livros e documentos — papéis escritos, pois o "sim" não basta. Provas e testemunhas se fazem necessárias.

É preciso uma série de garantias sociais e de discursos de até que a morte nos separe. E, dependendo da nossa crença religiosa, de que nem depois da morte nos separaremos.

Alimentamos ilusões de que o mundo não seja impermanente. Nutrimos a esperança de nunca precisarmos confiar, quando na verdade o futuro é só expectativa, sem nenhuma garantia de sua realização em conformidade com o que dele esperamos.

PARTE IV — INTERVENÇÃO IV

[CLÓVIS] Tolerância é valor. Porque podemos escolher tolerar ou não. Valor que faz pensar nos nossos próprios limites. Se tivermos como referência o aperfeiçoamento da convivência, há coisas que temos que tolerar e outras não. A intolerância absoluta é perversa. E a tolerância absoluta também.

Quem tolera a conduta canalha age mal. O tolerar virtuoso está condicionado ao seu objeto. Os limites da tolerância virtuosa implicam um discernimento sobre uma relação justa, uma sociedade justa.

Assim, suponho, devemos tolerar que alguém divirja de nós sobre a maior ou menor tributação do setor produtivo. Mas fazer uso privado dos recursos públicos, penso ser intolerável. Toleramos o apreço do outro pela música que nos entristece. Já uma viagem de carro de quatro horas em plena tristeza musical é demais.

A criança diverte-se com joguinhos no celular. Ok. Mas em pleno almoço de domingo, ocasião de interação familiar, não dá. A esposa tolera o encantamento do marido pela atriz da novela. Mas não pela sua irmã. Por isso falamos em graus de tolerância.

Outras virtudes também estão vinculadas a seu objeto. Assim, a fidelidade só será virtuosa se a conduta assegurada no passado tiver valor moral positivo. O mesmo serve para a lealdade. Para ser uma virtude, ela implica a avaliação do que foi combinado.

E a honestidade? Se entendida — no seu sentido mais trivial — como não se apoderar do que não lhe pertence, sua índole virtuosa parece não encontrar limites. Não parece vinculada a nada. Dispensaria a avaliação moral de qualquer outro elemento. Não haveria graus de honestidade. Ou é ou não é, como se diz.

Mas, para muitos, algumas sociedades distribuem suas riquezas de forma tão injusta que pegar o que não é seu é legítimo. Desde o furto famélico, quando o que se pretende é matar a fome imediata, até as invasões de terras improdutivas que buscam dar-lhes uma função social mais adequada.

Haverá quem proponha uma pergunta rica e provocativa: qual a diferença entre tolerância e respeito? Afinal de contas, respeitar alguém não implicará alguma forma de tolerância?

Acreditamos, sim, que tolerância e respeito são valores imbricados e, mais do que isso, esferas concêntricas de raio diferente. A tolerância está contida no respeito. O respeito é gênero do qual a tolerância é espécie. Toda tolerância, portanto, é uma forma de respeito. Mas haverá o respeito que não seja necessariamente tolerante. Cabe aqui o esclarecimento detalhado de tudo isso.

Um primeiro elemento da tolerância — enquanto valor ético — é a presença de outra pessoa. Não há tolerância no isolamento ou na relação com a natureza. Assim, podemos estar mais ou menos agradados com a chuva, com a inclemência do sol, com o vento que faz voar os papéis sobre a mesa, com o ruído dos animais — maritacas podem ser infernais —, mas nada disso tem a ver com tolerância.

Sendo um princípio moral que baliza a conduta, toleramos ou não aquilo que flagramos no comportamento alheio. Trata-se de um valor que requer a intersubjetividade.

O objeto da tolerância é a manifestação do outro: suas ações, práticas — reiteradas ou não —, seus discursos, ideias enunciadas, seus pontos de vista, seus gostos declarados etc. O mero pensamento não manifesto não pode ser objeto de tolerância ou intolerância. Trata-se, portanto, de um valor social por excelência, próprio das relações, das interações, dos relacionamentos.

Em relação a essa manifestação do outro, toda tolerância implica alguma inconformidade. Assim, se alguém sorri para você, diz que o ama, que admira o seu trabalho e que você é causa da sua alegria, sua reação nada terá a ver com tolerância.

Estamos falando de um valor que ganha pertinência no desacordo, no enfrentamento, no conflito; não no acordo, na harmonia e na paz. Por isso, trata-se de um valor ético, protetivo da convivência e das relações. É exatamente porque o outro pode enunciar pensamentos que destoam dos nossos que a tolerância é um valor tão importante.

Nesse caso, fica particularmente claro que as virtudes exigem, muitas vezes, uma disposição para agir na contramão de uma inclinação natural primeira.

Chamamos de *dissonância cognitiva* à inadequação entre o conteúdo de um pensamento de outra pessoa objetivado em discurso de que somos receptores com o nosso próprio pensamento a respeito de qualquer coisa ou pessoa.

Na maioria dos casos, essa dissonância se converte em tristeza. Essa correspondência afetiva depende de variáveis como quem é seu interlocutor, sua legitimidade como porta-voz e as condições materiais da enunciação e da recepção daquele discurso.

De qualquer forma, nos casos de dissonância triste, tendemos a evitar a recepção dessas mensagens. Assim, tendemos, por exemplo, a trocar de canal quando algum comentarista critica o comportamento de um candidato em quem pretendemos votar ou de algum governante em quem votamos.

O valor da tolerância oferece fundamento a uma consideração do pensamento do outro como legítimo, ainda que em desacordo com o próprio. É uma atitude de aceitação de uma realidade da existência do outro, do seu pensamento e da sua ação que são causa de tristeza.

É justamente para que essa tristeza percebida ou sentida não gere uma reação atentatória à harmonia da relação e à convivência que o valor da tolerância se faz fundamental. Esse valor será tanto mais importante na medida em que houver na sociedade a educação para o livre pensamento e garantias jurídicas e políticas de expressão desse pensamento e de qualquer outra manifestação que seja discordante de nossos pontos de vista.

Sendo assim, toda vez que falamos em tolerância, falamos em opiniões. Opiniões que não são alinhadas com as nossas, que resultam de alguma enunciação discursiva e manifestam certa forma de pensar e entender o mundo. São opiniões que explicitam certo ponto de vista.

Ora, em sociedades onde vigora a liberdade de expressão, considerando que os pontos de vista sejam necessariamente distintos entre todos nós, observadores do mundo, é perfeitamente normal que haja opiniões discordantes. Assim sendo, é importante para a proteção da convivência que tenhamos tolerância face a esses pontos de vista desalinhados aos nossos.

Acreditamos que a tolerância — quando virtuosa — seja espécie do gênero respeito. Há respeito em toda tolerância. Mas esta requer uma especificidade de objeto que no respeito é mais ampla. Somos tolerantes frente a opiniões manifestas desalinhadas às nossas. Já o respeito tem por objeto toda e qualquer manifestação, todo e qualquer sentimento, toda e qualquer conduta que não necessariamente manifeste um ponto de vista ou uma opinião sobre o mundo.

Eu posso respeitar uma decisão pessoal de alguém que se submete a uma operação de troca de sexo, e não há aí tolerância, o que há é respeito. Tolerância haveria no caso de um diálogo, de uma discussão a respeito da pertinência ou não dessa prática.

Posso respeitar a decisão de um filho de optar por uma carreira universitária que não é a que eu espero, mas não há aí tolerância, a menos que essa decisão venha acompanhada de um diálogo, de um debate e da enunciação de pontos de vista discordantes.

Haverá intolerância toda vez que partirmos da premissa de que existe uma única verdade sobre o mundo, e de que somos nós os detentores dessa verdade. Dessa forma, todo e qualquer tipo de pensamento dogmático, seja ele fundado na verdade revelada de forças suprassensíveis, seja ele fundado nas certezas científicas, pode ser patrocinador de posturas de intolerância.

Já para aqueles que entendem que a ciência é um espaço de falseabilidade e refutação de teses anteriores, pelo contrário, a tolerância é hábito, verdadeiro DNA do cientista. E prova de sua lucidez no avanço de seu trabalho.

Quase sempre a intolerância vem acompanhada de posturas ditas fundamentalistas que excluem do entendimento do mundo e da interpretação de suas ocorrências toda e qualquer pluralidade e diversidade. Em nome de uma única via, de uma única solução, de um único caminho.

O valor da tolerância, portanto, não é só um valor protetivo da convivência, mas também garantidor da própria democracia.

* * *

[JÚLIO] Já que o colega citou a democracia, eis um breve relato pessoal.

Minha infância coincidiu com a ditadura militar. No colégio, hasteava-se a bandeira toda segunda-feira. Todos nós tínhamos que cantar o hino nacional. Diziam que tínhamos de respeitar os símbolos nacionais. Ali eu entendi respeito como obediência, como submissão a regras. Regras de etiqueta sobre como se comportar diante da bandeira. Regras do uso e descarte da bandeira. E a tudo isso era necessário respeitar. Enquanto a bandeira subia, era preciso ficar de pé e cantar o hino nacional. Não se podia colocar as mãos nos bolsos. Elas podiam ficar pousadas sobre o coração, paralelas às linhas de costura da calça, como um soldado em posição de sentido, ou para trás. Respeitar a bandeira e o hino era isso.

Conversar, correr, sentar-se, qualquer atitude diferente daquela que previa o protocolo era considerada desrespeito. Eu respeitava, ou melhor dizendo, obedecia. E, para mim, cantar ou não cantar o hino era absolutamente indiferente. Aquilo não me entristecia. Também não me alegrava. Era algo com o qual eu tinha me acostumado. A bandeira também não me nutria afeto nem desafeto. Ela poderia ter outras cores ou outro formato. Eu a respeitaria do mesmo jeito.

E aqui temos um conceito de respeito: obediência. Aceitação de uma regra. Submissão a um conjunto de normas. O respeito será uma atitude moral quando houver a possibilidade de não respeitar, quando houver a possibilidade de desobedecer à regra. Portanto, quando alguém diz: "Comporte-se de forma correta diante da bandeira" apontando-lhe um fuzil e você lhe obedece e respeita a bandeira, esse respeito não é real. Não é respeito de fato. É uma submissão violenta. Não é moral.

Tolerância é diferente de respeito. Quanto aos efeitos, tolerar pode ser muito parecido com respeitar. Porém, na tolerância há um claro desafeto pela atitude tolerada, pela ação em conformidade com a regra tolerada. Exige-se uma atitude, um comportamento que é por algum motivo entristecedor, difícil de aceitar, mas ainda assim você o aceita. Isso é tolerância.

Dirigindo um automóvel no Brasil, ando na pista da direita. Respeito a regra de trânsito. Em alguns lugares, encontro mão inglesa e dirijo no sentido contrário, também por respeito à regra. Não me é particularmente ofensivo dirigir nem pela esquerda, nem pela direita.

Mas em outras circunstâncias da vida nós claramente nos posicionamos, nos manifestamos, afirmando que desejaríamos agir de determinada maneira, que se fôssemos tiranos do mundo e pudéssemos num toque de mágica organizá-lo de determinada maneira seria diferente daquela que outras pessoas organizariam. Discordamos, mas ainda assim respeitamos. Isso é tolerância. Tolerância no desafeto.

Percebemos mais claramente a diferença naquelas circunstâncias em que a ação em conformidade com a norma é exercida a partir de um desacordo, como numa discussão com alguém com quem não concordamos em absolutamente nada. Alguém que usa argumentos que nos são irritantes, mas com quem ainda assim mantemos o diálogo.

Deixamos falar. Dizemos: “Eu discordo de você”. Apesar de essa discordância gerar um ódio profundo, ainda assim a aceito. E aceito o debate. Aceito a conversa. E até o cumprimento no final. Com tolerância, que, como colocado, é menos do que o respeito. O respeito é uma adesão e uma aceitação mais plena do outro, uma aceitação que não é resignada, na qual não há contraforça.

De um certo ponto de vista, a tolerância pode ser encarada também como algo moral ou não moral. Da mesma forma que podemos obedecer por constrangimento, e alguém ainda querer chamar essa atitude de respeito, com a tolerância isso talvez ocorra mais claramente.

Dizemos que não gostamos ou não queremos obedecer a uma norma, mas ainda assim nos sentimos forçados a isso. Deixamos claro que obedecemos a uma regra somente pela falta de opção. E, portanto, não se trata necessariamente de uma tolerância moral. É uma ação em desconformidade, uma ação forçada. O sujeito moral é quem nos obriga a desobedecer, não somos nós. Mas em outros tantos momentos discordamos e, ainda assim, agimos como quem concorda.

O que merece destaque é que tanto a tolerância quanto o respeito podem ser pensados como relações de poder em que algumas pessoas agem na expectativa de ser respeitadas — e, portanto, têm a expectativa de ser obedecidas, às vezes até mesmo sem que haja uma manifestação de contrariedade, como quando se exigem de crianças diante da bandeira e do hino nacional posturas adequadas. Sem risinho. Sem chacota. Sem desalinhamento.

Em outras circunstâncias, essa relação de poder pode aceitar que as pessoas se manifestem de forma diferente, mas tendo a pretensão de que, apesar das diferenças de manifestação, estas não serão levadas a cabo. Haverá aceitação das pessoas na convivência mesmo com a diferença. Isso é tolerância.

Em uma relação de poder baseada na tolerância, não há expectativa de que, uma vez manifesta a sua vontade, outros a ela se dobrarão. Mas há a expectativa de que outros aceitarão a sua opinião, aceitarão o direito que você tem de manifestá-la. E, para que a relação de tolerância seja equânime, também nutrem a expectativa de que você aceitará a existência de pessoas que se manifestarão de forma contrária, pessoas que são diferentes, que não agem como você. Pessoas que não lhe obedecem.

Tanto o respeito como a tolerância são fundamentais para que exista vida social, existência compartilhada. Por outro lado, muitos conflitos sociais ocorrem em decorrência de atitudes tomadas em nome do respeito e da tolerância.

Refiro-me a atitudes que associamos a autoritarismos, como a do policial que ameaça prender por desacato alguém que apenas pergunta por que ele está agindo de determinada maneira. Para a pessoa autoritária, até mesmo uma inocente pergunta já é intolerável. Entendendo que houve afronta à sua autoridade, ela exige respeito, às vezes violentamente, sem tolerância para com o que julga ser desrespeito.

Mas há a ideia de respeito que você apresentou, menos normativa, segundo a qual respeito não significa aderir à norma do outro, mas a uma norma de si mesmo.

Pressupõe perceber a diferença, a discordância e aceitar o outro tal qual ele é. Significa ser religioso, fervoroso, crente radical, mas ainda assim aceitar o ateu como ele é, respeitá-lo, tratá-lo como igual sendo desigual, às vezes até se reprimindo, sem manifestar sua diferença.

É, portanto, uma grande indiferença diante da diferença do outro. Como alguém que vê hastear a bandeira e canta o hino, mas é absolutamente indiferente se a bandeira sobe ou desce. Se o hino é o da República do Brasil, da França ou do Vasco.

Com relação à tolerância, se dá o mesmo. Podemos aceitar o outro tal qual ele é, mas deixando claro que somos diferentes, que discordamos, que aceitamos conviver sendo diferentes. É também atitude de submissão, de convivência, mas que chamamos de tolerância porque há nela a aceitação da clara possibilidade da manifestação contrária, da existência divergente, da diferença.

PARTE IV — INTERVENÇÃO V

[CLÓVIS] O Júlio falou na bandeira e na ditadura militar. Valeria a pena lembrar que existem duas formas de um grupo se impor como dominante frente a outro. A primeira, mais imediata e mais recorrente no imaginário ficcional televisivo de todos nós, é pela força física, pela força militar, pela força bruta. Quando a ditadura se funda nesse tipo de recurso denomina-se *despotismo*, forma primitiva e pouco eficaz de conservar uma relação de dominação. Requer o uso ininterrupto da força física. Supõe poder usá-la todo o tempo, sem fragilidade momentânea ou repouso.

Há uma segunda forma de dominar, sem recorrer à violência física. Nesse caso, o dominado não discute. Não discutindo, não é preciso ameaçá-lo ou socá-lo. Aqui a dominação se sustenta numa certa presunção compartilhada de verdade, uma ideia entendida como indiscutível por todos, dominantes e dominados. E, quando a dominação se dá pela certeza de uma verdade, nós a chamamos de *totalitarismo*.

Portanto, uma ditadura poderá ser despótica quando segura na porrada e totalitária quando segura no dogma. É verdade que são tipos ideais. Não haverá despotismo puro no mundo de carne e osso. Tampouco totalitarismo puro. Toda verdade pressupõe alguém garantindo, em última instância, a ordem em cima de um desavisado que não entendeu nada. E todo despotismo, por mais rudimentar e truculento que possa ter sido, recorre a uma ou outra ideia de estilo nacionalista no naipe de "ame-o ou deixe-o" para não precisar bater em tanta gente assim. E é exatamente por isso que todo totalitarismo é a tradução política de uma intolerância. Porque evidentemente os discordantes da verdade que funda a relação de dominação são uma pedra no sapato cuja voz é preciso calar com urgência.

A segunda observação que eu queria fazer a partir da fala do professor Júlio diz respeito à própria diferença entre a verdade e o valor ou, se preferirem, entre juízo de fato e juízo de valor. Naturalmente, quando você diz "a folha da árvore é azul", há nesse juízo a possibilidade de uma confrontação com a realidade que se apresenta do lado de fora da janela. O juízo de valor, em contrapartida, não se submete a essa confrontação. Até porque, se eu digo que isso deve ser assim ou assado, estou me referindo a um dever ser que escapa ao mundo dos fatos e das realidades. Difícil considerá-lo verdadeiro ou falso. Se alguém afirma que a sociedade pautada pela liberdade do mercado só tornará cada vez mais aguda a desigualdade de distribuição de renda e que, portanto, devemos rumar para uma sociedade que garanta uma melhor distribuição de renda por intermédio de uma tributação eficaz, é muito difícil crivar essa sugestão como verdadeira ou falsa. Ela poderá ser pertinente ou impertinente em função deste ou daquele argumento de plantão. E é exatamente por isso que chegamos à constatação de que os valores são complexos. Daí a questão da tolerância e da intolerância ser assunto tão importante.

Os valores são complexos exatamente porque se apresentam como referências por vezes contraditórias que se anulam, que apontam para soluções práticas opostas. Essa complexidade nos dá a chance de escolher, de deliberar individual ou coletivamente, moral ou eticamente, sobre os valores que queremos respeitar. É uma escolha sempre difícil porque, para identificar que valor vale mais, talvez precisássemos de alguma verdade absoluta, uma referência que estivesse no topo da pirâmide e fosse garantida como fundamento. Talvez por isso muitos tenham dito que sem Deus fica difícil pensar em moral. Se entendermos Deus como o topo dessa pirâmide indiscutível, aí talvez a afirmação faça algum sentido.

Hoje, a transparência é valor da moda. Todos sabem de tudo sobre todos o tempo inteiro e em qualquer lugar. As empresas e os governos seriam verdadeiras "casas de vidro". E de fato por conta dessa transparência a convivência melhora em muitas situações. Afinal, diminuem os privilégios, o cinismo, a hipocrisia, as mentiras e as preferências indevidas.

Mas o leitor há de concordar que num jogo de cartas a primeira lição é não mostrá-las. O sucesso de uma estratégia depende da ignorância por parte do adversário dos recursos de que dispomos. E, se no jogo de cartas é assim, no jogo do mercado também. Ninguém vai sair com um projeto que carrega a esperança de quebrar as pernas do principal concorrente e levá-lo à sua ciência seis meses antes da implantação em nome da transparência. Isso não é transparência, diriam alguns. É burrice ou canalhice. Paga-se com demissão por justa causa.

É por isso que a transparência é valor, mas o sigilo também o é. Exemplo magnífico da complexidade e da dificuldade que temos de enfrentar quando falamos em valores. A intolerância pressupõe, portanto, exatamente a ignorância da complexidade. Seja a ignorância de boa-fé, intelectual, própria de quem refletiu pouco ou foi mal instruído, seja a ignorância da truculência: "Sei que existe complexidade, mas o mundo será regido pela minha cartilha, a cartilha do dogma. A minha alegria triunfando sobre a alegria de todos. A minha felicidade como norma universal de existência".

* * *

[JÚLIO] Podemos falar de respeito e tolerância num sentido mais propriamente político, em que respeito é submissão e tolerância é aceitar o outro, mas manifestando sua diferença, também uma espécie do gênero respeito: um tipo de submissão, mas uma submissão na qual aquele que se submete não se anula completamente diante da norma, e sim mantém a manifestação de sua autonomia intelectiva e afetiva.

Podemos falar também de tolerância e respeito num sentido social ou relacional. O que diferencia um do outro é que, neste último caso, não falamos de respeito e tolerância a partir das relações de poder, mas a partir de escolhas morais.

Não há, portanto, um constrangimento que exija a aderência a uma norma que determine o que é manter-se diferente e tolerar ou que diga quais são os limites do exercício da tolerância, como, por exemplo, num debate em que se afirma: "Pode discordar, mas não gritar. Pode deixar clara sua diferença, mas não bater no coleguinha com quem se discute".

Aqui, num sentido propriamente moral, respeito é aceitar o outro tal qual ele é. E às vezes não querer sequer manifestar suas discordâncias ou diferenças. Pois não há a menor pretensão do respeito de que o outro mude para agradá-lo. E o mesmo se dá com a tolerância, na qual você também aceita o outro tal qual ele é, mas manifesta a sua diferença. Deixa claro que para você as coisas não são assim.

Pensando em respeito e tolerância por um viés político, se olharmos para a ideia de Estado moderno, é possível perceber que até o século XIX o ideal de cidadão era baseado quase exclusivamente na ideia de respeito. O que se exigia das pessoas era submissão, reconhecimento de regras às quais todos deveriam se submeter, e diante das quais toda e qualquer manifestação de diferença, de insatisfação, de descontentamento era tida como algo ruim.

Esse Estado moderno inventou coisas como a educação universal, uma forma de fazer com que todos falassem a mesma língua, conhecessem as mesmas regras, comungassem dos mesmos valores e assim estabelecessem as condições de um sistema político e social baseado quase exclusivamente no respeito.

Para que eu respeite, é preciso que exista grande conformidade de normas, como deixou claro o professor Clóvis. É preciso que haja a pretensão de uma espécie de objetividade do valor e do significado das coisas, assim como certo tipo de educação promovida por uma série de instituições. Junto com o respeito como princípio fundamental da organização política e social, haveria também um viés autoritário, intolerante, um viés de não aceitação da diversidade e da diferença.

A forma de organização social e política do Estado contemporâneo, ao contrário, baseia-se menos no respeito e mais na tolerância — menos na ideia da existência a partir de um modelo e mais na aceitação de que existem múltiplas formas de convivência e que não precisamos, dentre as múltiplas formas possíveis de existência, escolher uma, elegê-la como a melhor e descartar todas as outras.

É possível existir várias formas de existência, várias formas diferentes de viver e ainda assim todos nós conseguirmos compartilhar a existência com pessoas diferentes. A tolerância torna-se um valor mais significativo do que o respeito.

E não falta quem tenha dificuldade com essas duas perspectivas, ainda que não sejam novidade — Platão, por exemplo, que pressupunha a existência de um gabarito da existência. Pois havia também um gabarito para a existência política, um único modo correto de existir, um modo ideal de organizar a nossa convivência.

E por isso a política podia ser posta em juízos de fato. As pessoas poderiam discutir a verdade da política e, uma vez descoberta a verdade, respeitá-la. Ou então, por ignorância ou pela atitude moral do desrespeito, não acatá-la. Virar as costas à verdade.

Aristóteles, na *Retórica*, dizia que o saber sobre a política é diferente do saber relativo às ciências da natureza, que produzem juízos de fato. Em que A é B. A maçã (A) é vermelha (B). A política é diferente. Se temos uma praça, por exemplo, e queremos pintá-la, um grupo dirá que é melhor pintar de amarelo. Outro dirá que é melhor pintar de vermelho: ficará muito mais alegre — o amarelo é feio. O que seria do brega sem o amarelo? Um terceiro grupo refutará o vermelho por considerá-lo agressivo, por demais excitante. Melhor pintar de azul, porque a praça deve ser lugar de paz.

E aí vem a pergunta: dentre essas três propostas, qual delas é a verdadeira e quais delas são falsas? O que é verdadeiro em termos de cor de praça? Veja que a pergunta não faz o menor sentido. Não há aqui verdadeiro ou falso. Há melhor e pior. Adequado e inadequado. E a política trabalha com esse mesmo tipo de juízo de valor. O adequado e o inadequado.

Quando eu aceito que a política não seja baseada numa verdade da existência, num valor único da existência, num gabarito a partir do qual todas as outras existências estão em conformidade ou em desconformidade com o gabarito, mas, ao contrário, aceito que existem várias formas de existência, todas elas podem parecer igualmente valorosas. O que temos nesse caso é um ambiente em que, ao aceitarmos a diferença e a diversidade, aparece a tolerância como princípio de organização política e social.

Falo aqui de política, de relação, mas a carapuça cai muito bem no mundo do trabalho.

Há quem organize as relações dentro de uma empresa baseando-se muito mais no valor respeito do que no valor tolerância, o que significa um ambiente de trabalho hierarquizado, em que aquele do andar de baixo não é pago para pensar, e sim para obedecer, sem reclamar.

E se um funcionário pensa e assume uma atitude, faz algo diferente, ou até mesmo se assume a atitude e não faz nada de diferente, é visto como ruim, ser discrepante, ser que deve ser eliminado, cuja existência ameaça a ordem da empresa.

Já outras empresas aceitam que as pessoas sejam diferentes. Aceitam até mesmo o trabalhador que simplesmente tolera o trabalho, que não gosta do que faz e deixa claro que detesta sua ocupação.

Ele diz por que a detesta, mas mesmo detestando trabalha. Mesmo achando idiota obedece à regra. E não é mandado embora por isso. É até ouvido. Sente que tem um ambiente de tolerância que lhe permite manifestar-se como ser que desgosta do ambiente no qual se encontra. Alguns ambientes são mais libertários, outros, menos. Uns são mais tolerantes, outros, menos.

NEM CONCLUSÃO NEM CONSIDERAÇÕES FINAIS

Não concluímos nem finalizamos. Quando o assunto é valores, não há que ter essa pretensão.

Todo homem delibera sobre sua trajetória pessoal. Projeta situações desejadas, decide sobre meios adequados, descarta outros e age. Intervém no mundo transformando-o ininterruptamente. Neste mundo, só há o real e sua indubitável necessidade. As coisas são só o que são.

Mas pela mente passam muitas coisas. Sobre o que aconteceu e acontece, mas também sobre o que poderia ter acontecido e sobre o que poderá acontecer. Na imaginação, o homem multiplica a realidade. E isso permite escolhas. Do plural em direção ao singular. Das múltiplas possibilidades a uma única ação. Escolhas que requerem critérios, fundamentos.

Para conviver não é muito diferente. Dois ou muitos mais estão sempre pensando sobre a melhor forma de conviver. Inteligência coletiva a serviço do aperfeiçoamento da convivência. Porque, muito embora as coisas da sociedade pareçam às vezes muito estáveis, o fato é que nada que diga respeito à interação entre as pessoas precisa ser do jeito que é.

O coletivo delibera sobre situações inéditas e cogita sobre as melhores condutas, sempre entre muitas possibilidades. A ética é essa busca intersubjetiva da melhor convivência. Porque não faz muito tempo fumávamos dentro das aeronaves.

A ética só se traduz em problema quando pretensões particulares colocam em risco a convivência. Condutas e estratégias que supostamente trarão vantagens para um ou outro dos integrantes daquela sociedade acabam prejudicando o convívio de todos.

Na vida do casal, na república de estudantes, no pagamento do meio ingresso mediante apresentação de documento, na pressa no trânsito com desrespeito às sinalizações, na licitação para compra de material hospitalar ou escolar ou em qualquer outra situação de convivência.

Sempre alguém poderá pretender — com consciência disso — fazer prevalecer o próprio interesse particular em detrimento da convivência, em detrimento do outro. Um outro conhecido, como no caso da esposa ou do colega de república, ou um outro genérico, como o usuário vindouro do vaso sanitário num banheiro de rodoviária.

Incapaz de abrir mão, de transcender o próprio umbigo, o próprio prazer, glória ou reconhecimento. Alguém que persegue metas e resultados a qualquer preço, com sangue nos olhos e faca nos dentes, num cio eterno. Sem valores, confunde esterco com marrom-glacê.

Acumulador convicto, afoga-se no acúmulo. Oscila entre a frustração pela riqueza do outro e o medo de perder o fruto de sua indignidade.

Esse é o canalha, que, reunido com outros em bandos, constitui o público-alvo deste livro.

REFERÊNCIAS

LIVROS E ARTIGOS

ARISTÓTELES. *Da Alma*. De Anima. São Paulo: Edipro, 2011.

_____. *Metafísica*. 2ª ed. São Paulo: Edipro, 2012.

_____. *Retórica*. São Paulo: Edipro, 2011.

BENTHAM, Jeremy. *O panóptico*. 2ª ed. Belo Horizonte: Autêntica, 2019.

_____. *Uma introdução aos princípios da moral e da legislação*. 3ª ed. São Paulo: Abril Cultural, 1984.

FOUCAULT, Michel. *Vigiar e punir*. Nascimento da prisão. 42ª ed. Petrópolis: Vozes, 2014.

HEGEL, G. F. O espírito do cristianismo e seu destino. *Revista Opinião Filosófica*, [S.l.], v. 1, n. 2, fev. 2017. Disponível em: <periodico.abavaresco.com.br/index.php/opiniaofilosofica/article/view/601>.

KANT, Immanuel. *Crítica da faculdade de julgar*. Petrópolis: Vozes, 2016.

_____. *Fundamentação da metafísica dos costumes*. Coimbra: Edições 70, 2009.

KOYRÉ, Alexandre. *Do mundo fechado ao universo infinito*. 4ª ed. Rio de Janeiro: Forense Universitária, 2006.

NIETZSCHE, Friedrich. *Sobre verdade e mentira*. São Paulo: Hedra, 2007.

PLATÃO. *A república*. São Paulo: Lafonte, 2019.

_____. *Protágoras*. São Paulo: Perspectiva, 2017.

_____. *Timeu e Crítias ou a Atlântida*. São Paulo: Edipro, 2012.

ROUSSEAU, Jean-Jacques. *Discurso sobre a origem e os fundamentos da desigualdade entre os homens*. Porto Alegre: L&PM, 2008.

UNAMUNO, Miguel de. *Do sentimento trágico da vida*. São Paulo: Hedra, 2013.

AUDIOVISUAL

ENCONTRO com Fátima Bernardes. Direção: Alexandre Mattoso. Rio de Janeiro, Rede Globo, 2012-Atual. *Talk show*, 90 min., color.

O CRAVO e a rosa. Direção: Walter Avancini. Roteiro: Walcyr Carrasco; Mário Teixeira. Rio de Janeiro, Rede Globo, 2000-2001. *Telenovela*, 50 min., color.

Este livro foi impresso
em 2020, pela Assahi, para a
HarperCollins Brasil. A fonte
usada no miolo é DTL Documenta,
corpo 11. O papel do miolo
é pólen soft 80 g/m².

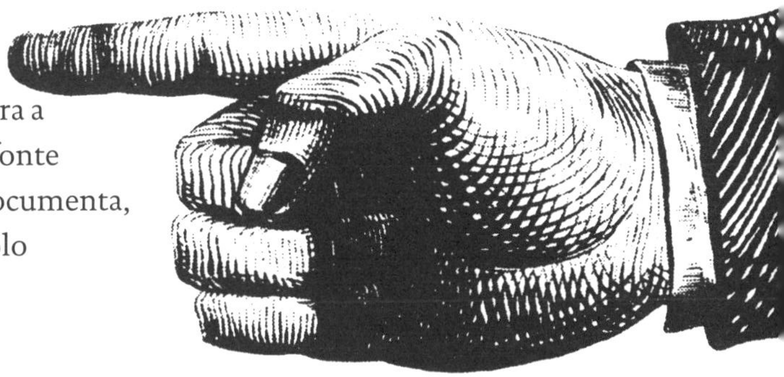